中国经济大趋势

转型升级中的新动力与新思路

CHINA'S ECONOMIC TRENDS

任仲文 / 主编

人民日报出版社

图书在版编目（CIP）数据

中国经济大趋势 / 任仲文主编. -- 北京 : 人民日报
出版社, 2016.5
ISBN 978-7-5115-3812-3

Ⅰ. ①中… Ⅱ. ①任… Ⅲ. ①中国经济－经济发展趋
势－研究 Ⅳ. ①F123.2

中国版本图书馆CIP数据核字(2016)第092280号

书　　名：中国经济大趋势
主　　编：任仲文

出 版 人：董　伟
责任编辑：周海燕　陈　丹
封面设计：主　语

出版发行：人民日报出版社
社　　址：北京金台西路2号
邮政编码：100733
发行热线：（010）65369509　65369527　65369846　65363528
邮购热线：（010）65369530　65363527
编辑热线：（010）65369518　65369528
网　　址：www.peopledailypress.com
经　　销：新华书店
印　　刷：北京鑫瑞兴印刷有限公司

开　　本：710mm × 1000mm　1/16
字　　数：241千字
印　　张：15.75
印　　次：2016年6月第1版　2016年6月第1次印刷

书　　号：ISBN 978-7-5115-3812-3
定　　价：38.00元

目录

CONTENTS

第一章 “十三五”开局：稳中向好

第二章 “一带一路”大战略：世界经济新引擎

第三章 “分享经济”时代的到来

第四章 人民币国际化之路

第五章 互联网持续发力，打造新亮点

第六章　金融业：为中国经济提供澎湃动力

第七章　房地产：转型路口的新思考

第一章

“十三五”开局：稳中向好

中国经济，向世界释放正能量

2016年伊始，中国经济交出了一份闪亮的年报。

一个总体平稳、稳中有进、稳中有好的中国经济，正以崭新的姿态出现在世界面前，满满都是正能量。

中国经济增速仍是世界经济的“高富帅”

在这个寒冷的冬天，一个重磅经济数据的出炉引发全球热议：2015年，中国经济增速为6.9%，近25年来首次回落到7%以下。对于中国经济增速放缓，海外舆论看法不一，理解者有之，“唱空”者也有之。资本大鳄索罗斯近日就放言，中国经济将硬着陆。

其实，6.9%的速度虽比以往略低了些，但放在全球坐标上看，中国经济还是一个标准的“高富帅”。

“高”——中国经济6.9%的增速在世界上一枝独秀。

对比发达经济体，美国经济增长是最好的，2015年的增速也不超过3%；欧洲、日本的经济增速则徘徊在1%左右。再看新兴经济体，巴西、俄罗斯出现负增长，南非经济增速只有2%左右。

“放眼世界，增速超过6%的经济体只有中国和印度。尽管两国人口相当，但印度经济总量只有中国的1/5左右。从这个角度看，中国能保持这样的中高速增长非常不容易。”国家统计局中国经济景气监测中心副主任潘建成说。

“富”——中国经济2015年的增量十分可观。

经初步核算，2015年中国国内生产总值676708亿元，经济总量是25年前的10倍多；去年的GDP增量约为6300亿美元，相当于1985年中国全年的GDP，或全球排名20位左右的一个国家全年GDP总量。在2016年初举行的达沃斯世界经济论坛上，论坛创始人施瓦布就表示，“中国6.9%的GDP增量相当于瑞士全年的GDP。”

“帅”——中国经济的“含金量”明显提高。

经济结构更优化。第三产业比重已达50.5%，比第二产业高10个百分点，产业结构更加优化；最终消费对GDP的贡献率达60%以上，需求结构持续改善；恩格尔系数从2014年的31%进一步下降到2015年的30.6%，居民消费结构也在升级。

城乡区域更协调。分区域，2015年西部地区比东部地区增长高3个百分点，西部地区、中部地区工业增加值增长快于东部；看城乡，农村居民收入实际增长速度比城镇居民高0.9个百分点，城乡差距在缩小。

科技创新更给力。2015年，我国高技术产业的增加值增速比规模以上工业高4.1个百分点；全社会研发支出比2010年大约增长了一倍，科技进步贡献率从2010年的50.9%提升到2015年的55.1%，经济增长的科技含量越来越高。

民生事业更温暖。2015年，我国就业目标提前一个季度完成，调查失业率仅5.1%左右；粮食增收，物价温和，全年CPI上涨仅1.4%；城乡居民医疗保险、养老保险的覆盖率不断提升；城乡居民收入稳定增长，居民银行储蓄增长8.5%，跑赢GDP。

中国经济仍是世界经济的“动力源”“压舱石”

去年以来，全球金融市场剧烈波动，大宗商品价格持续走低。作为世界第二大经济体，中国经济对世界经济的带动和稳定作用更加凸显。

中国仍是世界经济的“动力源”。

境外消费猛。2015年，我国出国旅游人数达1.2亿人次，仅银联卡海外消费就超过1.1万亿元，同比增长30%。中国消费者海外“扫货”劲头十足，对全球消费的拉动作用明显。

对外投资增。2015年，我国境内投资者累计实现对外投资7350.8亿元，同比增长14.7%。特别是在交通运输、电力、通讯等优势产业，我国对外直接投资累计约116.6亿美元，同比增长80.2%。

出口结构优。2015年，我国机电产品出口8.15万亿元，增长1.2%，占出口总值的57.7%，较上年提升1.7个百分点，而纺织品、服装、箱包、鞋类、玩具、家具、塑料制品等7大类劳动密集型产品出口总值2.93万亿元，下降1.7%。更多国家分享到中高端的“中国制造”。

保守估计，中国经济对世界经济的贡献在25%以上，而根据海外一些投资机构的分析，2015年全球经济增速为3.1%，其中中国贡献了1.3个百分点，贡献率高达40%。

中国仍是世界经济的“压舱石”。

尽管国际大宗商品市场持续低迷，但中国不少大宗商品的进口量依然增长。2015年，我国进口铁矿砂9.53亿吨，增长2.2%；原油3.34亿吨，增长8.8%；大豆进口更是同比增长逾44%。知名机构美银美林在近期的报告中指出，仅凭中国经济，不可能让全球陷入衰退，而且中国也并非推动油价下跌的因素，因为中国的原油进口量并未出现大幅下降。

更重要的是，“一带一路”建设的提出和实施、亚投行的成立等，还为世界经济拓展增长“新空间”，提供投资“新平台”。

在东北亚，中韩决定推进四项发展战略对接，中蒙商定对接“丝绸之路”与“草原之路”，中俄蒙就建设三国经济走廊达成共识。

在东南亚，中越加紧磋商“一带一路”和“两廊一圈”合作，中新探讨在“一带一路”倡议下开拓第三方市场，中老、中泰铁路以及中印尼雅万高铁陆续开工，泛亚铁路网建设迈开步伐。

在南亚，中印加强“一带一路”建设领域交流合作，中巴经济走廊项目陆续开工，孟中印缅经济走廊四方联合工作组工作初见成效。

在欧洲，中英探讨“一带一路”与英国基础设施升级改造计划和“英格兰北部经济中心”对接。中德建立“中国制造2025”同“德国工业4.0”对接协调机制。中国同中东欧7个国家签署共建“一带一路”合作文件。

在南美，中国面向拉美设立300亿美元产能合作专项资金和200亿美元的中国—巴西双边产能合作基金。

在非洲，中国设立首批100亿美元中非产能合作基金，同非盟签署“三网一化”合作谅解备忘录并开展对接，一批产业园区、跨境经济合作园区、临港工业园正加速建设。

越来越多的国家和地区正抢抓“一带一路”等带来的新机遇，分享中国对外开放的新红利。商务部数据显示，2015年，我国企业对“一带一路”相关的49个国家进行了直接投资，投资额合计148.2亿美元，同比增长18.2%，占对外直接投资总额的12.6%。

中国经济仍将向世界释放强劲正能量

站在“十三五”的新台阶上向前看，中国经济仍将向世界释放强劲正能量。

正能量来自深化改革。

2016年是推进结构性改革的攻坚之年，开年就利好频传。

财税体制改革纵深推进。“营改增”全面实施，营业税“进入博物馆”，预计一年将减轻企业税负近6000亿元，让企业轻装上阵。

行政体制改革全面深化。2015年，我国平均每天新增1.2万个市场主体，新业态、新商业模式在新增市场主体中的占比高达53%以上，今年创新创业的势头依然不减。

去产能、去库存、去杠杆、降成本、补短板，五大任务相辅相成，环环相扣，既化解潜在风险，又增强内生动力，供给侧结构性改革的顺利完成将实现经济发展质量和效益的整体提升，使中国经济顺利迈向“双中高”。

“供给侧结构性改革的实施，将提高供给体系质量和效率，增强持续增长动力，推动我国社会生产力水平整体改善。”财政部财政科学研究所原所长、华夏新供给经济学研究院院长贾康说。

正能量来自政策红利。

随着全面二孩政策的落地，中国每年将新增约300万人口；贸易便利化的全面推进，“一带一路”、京津冀协同发展、长江经济带等发展战略的加速实施，着眼国际、国内两个市场，将为国际合作提供发展新路径、新空间。

正能量还来自调控智慧。

楼市正在逐步回暖，地方债风险可控，充足的外汇储备也为稳定汇率市场增添底气，财政赤字和政府债务余额均处于安全线内，远低于美、欧、日等主要经济体。近几年，尽管经济下行压力较大，但我们没有超发货币，没有搞大规模强刺激，主要依靠改革增强经济活力，既稳定了经济，也为下一步调控留下了空间。中国宏观调控政策工具箱里的工具还有不少，一旦经济出现滑出合理区间的可能，我们将有足够的能力来应对，中国经济绝不会出现“硬着陆”。

展望未来，中国经济韧性好、潜力足、回旋余地大的基本特征没有改变，持续增长的良好支撑基础和条件没有改变，结构调整优化的前进态势没有改变，经济发展长期向好的基本面也没有改变。这些有利因素与各种“正能量”正形成合力，向世界传递着中国信心：中国经济仍能保持中高速增长，仍将是世界经济巨轮行稳致远的重要引擎。

（作者：陆娅楠）

（来源：人民日报）

中国经济运行正在稳中向好

核心要点：

■ 经济运行的“稳”，主要表现为经济增速比较平稳、社会就业保持稳定、居民收入稳步增长、物价总水平相对稳定。其中，经济增速保持在合理区间是经济总体平稳的基础，为其他方面的“稳”提供了重要支撑。2015年，我国国内生产总值同比增长6.9%，符合年初的预期目标。

■ 要紧紧抓住改革创新这个中心环节，坚持用五大发展理念引领发展行动，努力提高经济运行的质量效益。只要我们坚持不懈地推进改革创新，就能使我国经济发展的潜力、韧性和回旋余地得到充分拓展，使经济保持中高速增长、向中高端迈进，顺利实现“十三五”规划纲要确定的目标任务。

■ 在适度提升总需求的同时着力推进供给侧结构性改革，是党中央在综合分析国内外经济环境演变与我国发展阶段性特征基础上作出的重大战略决策，是当前乃至整个“十三五”时期我国主动适应引领经济发展新常态的重要举措。

■发展理念是否对头，从根本上决定着未来发展的成效乃至成败。“十三五”时期，我们必须坚持把五大发展理念作为谋划改革发展大局的指挥棒，对不适应、不适合甚至违背新的发展理念的认识要立即调整，对不适应、不适合甚至违背新的发展理念的行为要坚决纠正，对不适应、不适合甚至违背新的发展理念的做法要彻底摒弃。

2015年，我国经济运行总体保持平稳，且稳中有进、稳中有好，实现了“十二五”的圆满收官。在国内发展条件深刻变化和世界经济持续低迷的背景下，我国经济继续保持中高速增长，实属不易。这是党中央团结带领全国人民，主动适应经济发展新常态，妥善应对重大风险挑战的结果。当前，我国经济运行稳中向好，积极因素正在涌现，质量效益不断提升。

经济运行保持在合理区间。经济运行的“稳”，主要表现为经济增速比较平稳、社会就业保持稳定、居民收入稳步增长、物价总水平相对稳定。其中，经济增速保持在合理区间是经济总体平稳的基础，为其他方面的“稳”提供了重要支撑。2015年，我国国内生产总值同比增长6.9%，符合年初的预期目标。分季度看，前两个季度均同比增长7%，第三、第四季度同比增长6.9%、6.8%，波幅较小。从实际增量看，6.9%的增速是在经济总量超过60万亿元的高基数上取得的，现在国内生产总值每增长1个百分点的增量，相当于5年前1.5个百分点、10年前2.5个百分点的增量。从历史经验看，世界多数经济体由于内部结构性因素和外部周期性因素共同作用而导致的增速回落，都是从8%以上的高速增长迅速下降到5%以下的中低速增长。但我国的情况不同，2015年在世界经济整体不景气背景下仍然实现了6.9%的速度！从国际比较看，我国经济增速在全球位居前列，对全球经济增长的贡献率超过25%，仍然是全球经济增长的重要动力。

结构调整取得明显进展。经济运行的“进”和“好”，是指经济转型升级步伐较快，带动结构调整和动力转换取得明显进展，主要表现在需求结构改善、产业结构升级、创业创新踊跃、区域城乡关系优化等方面。其中，最突出的是产业结构调整优化加快。一是服务业加快发展。2015年，我国第三产业增加值增长8.3%，比第二产业增速快2.3个百分点，服务业占国内生产总值比重达到50.5%，高于第二产业10个百分点。旅游、信息、文化、健康、养老等服务业持续升温，经济发展格局由工业主导向服务业主导转型的趋势增强。二是工业结构加快升级。2015年，我国高技术产业增加值同比增长10.2%，比规模以上工业快4.1个百分点，占规模以上工业比重为11.8%，比上年提高1.2个百分点。其中，航空、航天器及设备制造业增长26.2%，电子及通信设备制造业增长12.7%，均远高于整个工业的增速。三是新产业、新业态、新模式快速成长。移动互联网、机器人、新能源汽车等战略性新兴产业快速发展，集成电路、海洋工程装备、医疗器械等向高端迈进，北斗卫星导航系统广泛应用。电子商务规模不断扩大，2015年全国网上零售额达3.9万亿元，比上年增长33.3%。产业结构优化升级，促进了节能减排和能源结构改善，2015年单位国内生产总值能耗比上年下降5.6%。

改革创新步伐明显加快。在增长动能转换的关键阶段，我国经济之所以能保持中高速增长，一个重要原因是党中央坚持把发展的基点放在改革创新上，着力培育引领新常态的新动能。一是深化改革释放了市场主体的发展活力。简政放权、放管结合、优化服务等改革持续推进，极大地调动了企业尤其是民间投资的积极性。在商事制度改革推动下，2015年平均每天新登记企业超过1.2万家。外商投资等审批制度改革持续推进，财税、金融、国企等改革向纵深推进，进一步破除了制约发展的体制机制障碍，为增长动力转换提供了良好的制度条件和市场环境。二是创业创新激发了经济发展的新动能。大众创业、万众创新的政策导向，激发了人民群众巨大的创造力。鼓励发展众创、众包、众扶、众筹等新模式新机制，打造“互联网+”等技术和产业创新平台，使社会创业创新的资源配置更加灵活有效，各种孵化器、创新基地得到快速发展，日益成为支撑经济增长的新动能。三是扩大开放拓展了经济发展的新空间。“一带一路”战略的有力推进，使国内技术装备、基础设施建设能力等优势得到有效利用，支持和扩大了由我国主导的国际产能合作，推动外贸向“优进优出”转变。2015年，我国对“一带一路”沿线49个国家的直接投资近150亿美元，增长18.2%。

我们也要看到，当前以及整个“十三五”时期，我国经济运行仍面临不少困难和挑战，经济下行压力仍然较大，结构调整任务依然艰巨。我们既要看到发展中的亮点，也要正视前进中的困难。最重要的是，要紧紧抓住改革创新这个中心环节，坚持用五大发展理念引领发展行动，努力提高经济运行的质量效益。只要我们坚持不懈地推进改革创新，就能使我国经济发展的潜力、韧性和回旋余地得到充分拓展，使经济保持中高速增长、向中高端迈进，顺利实现“十三五”规划纲要确定的目标任务。

（作者：郭克莎）（来源：求是）

中国经济仍是促进全球经济增长最积极因素

2015年以来，全球经济复苏再度展现了其艰难、曲折的一面。主要经济体增速普遍放缓，国际贸易面临金融危机以来最为严峻的下行压力。在这一背景下，一些人试图将全球经济的新困局归咎于中国经济放缓的拖累，显然是严重缺乏对于近年来中国经济对世界经济积极影响的客观认识。

中国是全球增长最快经济体之一

2015年，我国的国内生产总值（GDP）同比实际增长6.9%，比2014年回落了0.4个百分点，从历史来看也有些偏低。全球经济复苏再度放缓、国际市场需求收缩是其中的重要原因之一。根据世界银行《全球经济展望报告》（2016年1月6日发布）估计，2015年全球经济增长为2.4%，这是2010年全球经济进入复苏阶段以来的最低水平。世界贸易组织快报显示，2015年前11月，全球货物贸易进口同比下降12.8%，也是近年来最差。受其影响，中国出口2015年下降了2.8%（按照人民币计算下降1.8%）。这是从上世纪80年代初以来长达30多年实践里的第二次负增长（上次是在国际金融危机爆发后的2009年），对国内经济带来了巨大下行压力。尽管如此，中国的增长率和世界主要经济体同期表现相比，仍然算得上是不错的成就。根据各国日前发布的统计和IMF预测值，美国、欧元区和日本2015年的经济增长率分别是2.4%、1.5%和0.4%；俄罗斯和巴西经济衰退幅度达3%左右。除了印度仍可能保持7.2%的较高水平之外，主要经济体增长普遍显著差于上年。按照现价美元估算，2015年中国经济在全球经济中的份额可达13.5%左右，比上年提高。

中国经济对全球增长贡献率继续提升

按照世行数据估算，中国经济增长对全球经济增长的贡献率达到26.1%，比2014年提高了0.8个百分点；拉动全球经济增长达0.625个百分点，仍高于美国，居全球第一位。2015年中国GDP净增4650亿美元，相当于一年新增了1.5个南非或2.3个越南的经济总量。中国经济仍然是促进全球经济增长的最积极因素，贡献率和拉动全球经济增长百分点均保持稳定甚至有所提高。国际上也有人期待中国能够像国际金融危机爆发时那样，再度采取大规模刺激计划以提振世界经济。不错，2010年和2011年，受一揽子刺激计划的影响，中国经济迅速回升，拉动全球增长的效果也有所提高，对世界经济复苏做出了贡献。但是，中国为此也付出了巨大代价，到现在还在消化前期刺激政策的负面作用。近两年来，中国正是在总结前几年经验和深刻教训基础上，采取了更具针对性的“精准”调控方式，才能在结构调整取得一定进展的同时，保持了经济稳定增长，为稳定全球经济发挥了积极作用。

中国进口使贸易伙伴直接受益

中国进口对于促进贸易伙伴国经济增长具有直接作用。首先，从服务贸易角度看，中国是2015年全球服务进口需求增长的最大贡献者。近年来，中国的产业结构调整明显加快，第三产业占比已经超过第二产业，服务贸易也呈现出持续较快增长态势。2015年中国的服务贸易进口同比增加了670亿美元，增幅达到18.6%，许多国家因此从服务出口增长中受益。而按照WTO的统计快报，2015年前10个月，欧盟、日本分别下降7.4%和9.3%；美国仅增长3.5%，预计全年水平也将远低于中国。其次，从货物贸易角度看，国际大宗商品价格下降是导致我国进口额下降的主要外部原因。实际上，中国进口的大宗商品多数在数量上是增长的。以石油和金属矿产两类商品为例，2015年进口金额分别减少1028亿美元和450亿美元；但从数量看，前者同比增加了2700万吨，增长8.8%，后者同比增加了2000万吨，增长2.2%。同样作为全球原油贸易的主要需求方，美国和日本在2015年的原油进口量都是下降的。在2015年世界石油等主要大宗商品价格出现暴跌的情况下，中国逆势增长的进口数量是稳定市场预期、抑制价格下滑的重要力量之一。

中国为国际跨境投资提供增长新动力

从对外投资流量来看，2006—2014年期间，中国企业对外直接投资累计增加7倍，年均增长速度达到27.5%，高于同期全球平均增长水平。2015年，我国非金融类对外直接投资进一步达到1180亿美元的历史新高，同比增长14.7%，是连续第十三年增长，并连续4年居全球第三。长期以来，发达国家的跨国公司是推动经济全球化的主要力量。但随着新兴经济体的逐步崛起，尤其是近年来国际金融危机对发达经济体的严重冲击，中国等发展中国家企业的对外投资成为稳定和提升全球跨境投资增长的重要因素。2005年中国对外投资流量仅占世界跨境投资的1.5%；2014年提高到9.1%；对这一期间全球跨境投资增长的贡献率高达19.9%。中国的对外投资为全球投资活动注入了新动力，惠及全球绝大多数投资东道国。另外，中国吸收外资的持续增长为其他国家（地区）企业提供了巨大商业机会和增长红利，也是促进全球跨境投资增长的重要因素之一。

人民币汇率基本稳定格局没有大的变化

近一年来，人民币汇率波动对全球汇市和投资者预期的影响成为外界高度关注的一个问题。根据国际清算银行公布的综合有效汇率指数来看，2015年中国实际上承受了人民币升值的巨大压力，全年平均升值9.7%，仅低于美元1个百分点，与印度卢比相近。相比之下，日元、欧元比上年同期贬值了6.4%和8.8%，巴西雷亚尔和俄罗斯卢布则分别贬值16.7%和19%。2015年8月和12月两次汇改举措实施之后，人民币一度连续出现较大幅度贬值，加剧了全球市场担忧和中国的资本外流压力。目前这种局面已经得到改善。应当看到，人民币并不具备较长时间内持续贬值的基础和条件。一是因为中国增长在世界范围内仍属于较高水平，经济基本面并没有发生变化；解决结构性问题的供给侧结构性改革已经开始加快推进。二是中国经常项目收支的顺差格局仍在持续，2015年货物贸易顺差接近6000亿美元。三是中国没有为扩大出口而促使人民币贬值的需要和动机。四是前两年美联储的政策变化对中国冲击有限，人民币对美元贬值幅度较小，相对于一篮子货币则有明显升值；目前美联储加息步伐趋于谨慎，甚至不能排除转向负利率的可能性，人民币贬值压力将明显减缓。总体来看，人民币今后将可能更多呈现双向波动态势，相对于一篮子货币基本稳定的格局不会发生改变。

沟通有益于中国经济与世界经济良性互动

中国汇改和股市波动对全球市场的影响充分显示了市场预期的作用。面对不确定性日趋增强的国际经济环境，如何加强各国之间的政策协调和沟通，恰恰是合理引导市场预期、稳定投资者信心的关键所在。国际金融危机发生之后，全球治理和政策协调机制正在经历深刻变革，中国一方面加快建立和完善符合国际规范、法制化的政策制定与信息公开体制，加强面向公众的政策发布和国际交流；另一方面广泛参与国际政策协调与合作平台的对话活动，做好和国际社会之间的充分沟通。这些举措，对于引导全球市场预期、促进各国合作和共同应对危机发挥了积极作用。我们也应当看到，目前，各国之间的政策对话与交流还不够充分，一些发达国家政策制定者缺乏对别国国情的客观认识和包容，许多新兴市场国家在应对市场风险方面尚缺少足够经验，全球治理结构改革任重而道远。今年的G20首脑会议将在中国举行，中国需要以此为契机，更好地学习和借鉴成熟市场经济国家的经验与教训，积极参与全球治理结构改革和规则制定，进一步加强与世界各国之间的政策协调与沟通，为中国经济和世界经济良性互动创造有利条件。

（作者：赵晋平）

（来源：人民日报）

经济运行开局平稳 稳中有进亮点纷呈

2016年以来，国际环境依然复杂多变，世界经济复苏乏力，国际贸易低迷，金融市场震荡，不稳定不确定不平衡因素增多，国内长期积累的问题凸显，结构性、阶段性、周期性矛盾相互叠加，经济下行压力仍然较大。面对困难和挑战，在党中央、国务院领导下，全国上下牢固树立创新、协调、绿色、开放、共享发展理念，进一步加大稳增长、调结构的力度，坚持在适度扩大总需求的同时，着力加强供给侧结构性改革，从供需两端发力，抓好政策落实，积极释放政策红利，部分指标出现积极变化，国民经济继续保持稳中有进的发展态势。

就业稳、内需稳、物价稳，经济运行总体平稳

从就业看，劳动力市场保持稳定。尽管部分地区、行业受市场影响就业压力有所加大，但在积极就业政策作用下，以及创业创新带动就业的影响下，就业总体上保持基本稳定。1—2月份，全国31个大城市城镇调查失业率继续稳定在5.1%左右，比去年同期下降0.05个百分点左右，总体保持基本稳定。

从需求看，虽外需下降但内需平稳。2016年以来，外部环境更趋复杂严峻，外贸形势不容乐观。1—2月份，全国出口总额同比下降13.1%。尽管外需偏弱，但内需增长保持稳定。在一系列适度扩大国内需求政策措施的作用下，国内市场销售保持稳定，投资增长出现回升。1—2月份，社会消费品零售总额同比增长10.2%；固定资产投资（不含农户）同比增长10.2%，增速比上年全年加快0.2个百分点，其中房地产开发投资增长3.0%，加快2.0个百

分点。

从物价看，虽涨幅有所扩大但总体稳定。1—2月份，全国居民消费价格同比上涨2.0%，比2016年全年3.0%的预期目标低1个百分点。2月份，居民消费价格同比上涨2.3%，涨幅比上月扩大0.5个百分点。居民消费价格涨幅有所扩大，主要受春节和强寒潮天气影响，部分食品价格上涨较多。2月份，食品烟酒价格同比上涨5.8%，影响居民消费价格上涨1.74个百分点。从除去食品和能源的核心CPI来看，消费价格形势并未发生明显变化。2月份核心CPI同比上涨1.3%，涨幅比上月略有回落。

结构调整取得积极进展，转型升级正在路上

2016年以来，各地区、各部门按照中央经济工作会议的部署，着力推动改革创新、稳增长、调结构，国民经济继续呈现稳中有进的发展态势。

服务业发展继续快于工业。近期金融和房地产业保持较快增长，有力支撑服务业发展。2016年以来，作为第一大产业的服务业继续保持良好发展势头。1—2月份，服务业生产指数初值同比增长8.1%，增速比上年12月份加快0.5个百分点，比上年同期加快0.7个百分点。与此同时，受传统行业比重大、产能过剩问题突出影响，工业生产稳中略缓。1—2月份，规模以上工业增加值同比增长5.4%，增速比上年12月份回落0.5个百分点。服务业增长比规模以上工业快2.7个百分点，这意味着服务业比重继续提升，产业结构继续优化。

工业继续向中高端迈进。在市场对产品质量、技术要求不断提高以及政府的积极推动下，工业转型升级态势明显。1—2月份，高技术产业和装备制造业增加值同比分别增长9.0%和7.1%，增速分别比规模以上工业快3.6和1.7个百分点；高技术产业和装备制造业增加值占规模以上工业增加值比重分别为12.1%和31.7%，分别比上年同期提高1.3和1.6个百分点。

消费结构升级态势明显。发展享受型商品消费增长较快。1—2月份，限额以上单位商品零售额中，通讯器材类、体育娱乐用品类、建筑及装潢材料类商品同比分别增长20.1%、16.0%、14.9%，增速快于社会消费品零售总额增速。旅游文化等服务性消费热度不减。春节期间全国实现旅游收入1448亿元，增长14.6%。2月份，全国电影市场票房近70亿元，超越北美市场，跃居

全球第一。

投资结构持续改善。随着经济转型升级步伐加快，投融资体制市场化改革不断深入，服务业、高技术产业等领域投资保持较快增长。1—2月份，服务业投资同比增长11.1%，增速比全部投资快0.9个百分点，占全部投资比重为61.0%，比上年同期提高0.5个百分点；高技术产业投资增长18.8%，比全部投资快8.6个百分点，占比为6.3%，提高0.4个百分点。

动能转换逐步显效，新经济形态呼之欲出

在国家实施创新驱动发展战略、出台一系列鼓励大众创业、万众创新政策措施作用下，新产业、新业态、新模式以及新产品、新服务等新动能不断积聚。

大众创业万众创新态势向好。党中央、国务院不断深化商事制度改革，培育创业创新公共平台，加快发展众创空间，拓宽创业投融资渠道，市场主体活力得到激发，创业创新氛围浓厚。商事制度改革以来，日均新登记企业1.2万户，个体私营企业从业人员增加了6220万人，创业对带动就业发挥了明显的促进作用。1月份，国内发明专利受理量同比增长35.7%，国内发明专利授权量增长57%。

“互联网+”相关行业发展方兴未艾。1—2月份，全国网上商品和服务零售额同比增长27.2%。其中，网上商品零售额增长25.4%，增速比社会消费品零售总额快15.2个百分点。网络购物带动快递业务迅猛增长。1—2月份，全国预计完成快递业务量同比增长45.8%。信息消费成倍增长，1月份移动互联网接入流量同比增长120.9%。

高附加值、高技术含量的新产品快速增长。1—2月份，新能源汽车产量同比增长75.9%，运动型多用途乘用车（SUV）增长60.4%，智能电视增长28.5%，城市轨道车辆增长28.0%，光电子器件增长22.6%，环境污染防治专用设备增长21.8%，智能手机增长18.6%，工业机器人增长17.7%，太阳能电池增长16.5%。

新服务、新模式不断涌现。在技术创新的驱动下，移动互联网与传统行业加速渗透，不断催生新的服务模式。各地区通过建立企业孵化器、创业

园区、服务中心等方式，向企业提供个性化、定制化的公共产品和服务。众创、众包、众扶、众筹等创新服务平台实现了各种资源高效集成。网络约车、在线医疗、远程教育等新型服务模式极大地释放消费潜力。集休闲、购物、餐饮、娱乐为一体的城市综合体发展很快，家庭服务中心方兴未艾，为居民生活提供便捷化服务，成为现代都市商业发展和家政服务新时尚。

政策效果初步显现，供需两侧出现积极变化

今年以来，加强供给侧结构性改革，落实“三去一降一补”，去产能、去库存、补短板、扩内需等措施作用发挥，供需两侧出现积极变化，市场形势有所改善。

扩内需、调结构效应逐步显现。面对国际市场低迷，国内市场需求不振的困难局面，党中央、国务院大力创新宏观调控方式，不搞强刺激和“大水漫灌”，而是实施区间调控、定向调控，适度扩大国内需求，大力促进消费升级，努力扩大有效投资，有力促进了经济稳定增长。消费对经济增长的贡献提高。2015年，最终消费支出对经济增长的贡献为66.4%，比上年提高15.4个百分点。今年1—2月份，社会消费品零售总额同比增长10.2%，继续保持较快增长。投资关键作用得到有效发挥。针对制约经济社会发展薄弱环节，政府连续多次投放专项建设资金，推进重点项目建设，同时推动传统产业升级改造，大力发展战略性新兴产业，一大批新经济、新动能项目开工建设，促使投资增速回升。1—2月份，固定资产投资（不含农户）同比增长10.2%，增速自去年以来首次回升，新开工项目计划总投资大幅增长。

供给侧结构性改革效应显现。针对传统行业产能过剩和房地产库存过高等突出矛盾和问题，把深化改革与结构调整结合起来，坚持以市场化方式推动过剩产能退出、促进企业兼并重组，推进棚改货币化安置、调整个人购房税收和贷款政策支持房地产市场去库存，取得积极进展。一些“产能过剩”行业产品产量下降。今年1—2月份，水泥产量同比下降8.2%，粗钢下降5.7%，十种有色金属下降4.3%。相关产品价格降幅收窄。2月份，钢铁、有色、化工行业出厂价格降幅分别比上月收窄2.8、1.4、0.4个百分点。房地产销售快速回升。1—2月份，全国商品房销售面积、销售额同比分别增长28.2%、

43.6%，增速分别比上年全年加快21.7、29.2个百分点。

工业品价格降幅收窄。在适度扩大内需、加快供给侧结构性改革等一系列政策措施作用下，市场供求关系出现一定的积极变化。2月份，工业生产者出厂价格同比下降4.9%，降幅比上月收窄0.4个百分点，连续两个月降幅收窄。工业品价格降幅收窄，尽管有部分国际大宗商品价格反弹的影响，但也反映出市场总体供求状况有所改善。

总之，1—2月份，经济运行总体平稳、稳中有进的态势持续，尽管部分指标出现积极变化，但外部环境复杂严峻，国内市场需求依然不振，经济运行中不同行业、不同地区、不同企业分化现象明显，实体经济困难、市场预期不稳问题突出，下行压力仍然较大，后期走势仍需要进一步观察。下阶段，要牢固树立和贯彻落实新发展理念，从供需两端发力，打好稳增长、调结构的政策“组合拳”，坚定不移地推进供给侧结构性改革，全力落实“三去一降一补”等重点任务，利用好就业物价消费总体稳定的有利条件和部分指标改善的良好势头，巩固提升经济运行中的积极变化，优化供给结构，扩大有效内需，抓好政策落实，释放政策红利，增强发展信心，努力完成全年经济社会发展预期目标。

（作者：宁吉喆）

（来源：人民日报）

“L”型释放哪些经济信号?

“十三五”开局之年，中国经济走势和宏观政策取向海内外十分瞩目。权威人士近日明确表示，中国经济运行不可能是“U”型，更不可能是“V”型，而是“L”型走势，“L”型是一个阶段，不是一两年能过去的。这释放出哪些经济信号?

信号一：经济将在合理区间平稳增长

“L”型、“U”型、“V”型、“W”型……经济走势如何，有多种用大写英文字母的描述。

据北京大学国民经济核算研究中心研究员蔡志洲介绍，“U”型是指经济增速明显下降、在底部运行相当一段时间后，出现强劲反弹；“V”型是经济增速明显下降，触底快速有力反弹；“W”型实际上是出现了反复的“V”型；而“L”型是经济增速明显下降后，在一定增速上基本保持平稳运行。

“‘L’型的判断告诉我们，未来中国经济运行态势总体平稳，既不会出现强劲的反弹，也不会出现明显的失速。”中国国际经济交流中心信息部副部长王军分析，当前中国经济面临的主要是结构性问题而不是周期性问题，进入新常态的中国经济内外环境变了，速度调整是必然的、正常的，这不是一两年的事。一方面中国经济当前面临很多困难和深层次矛盾，另一方面中国经济的潜力大、韧性足。

2016年一季度，中国经济同比增长6.7%，开局平稳。2016年中国经济增长的预期目标为6.5%至7%，“十三五”经济增长目标是年均增速6.5%以上。

回首过去，中国经济增速在2010年最后一次达到两位数、2011年回落到9%平台后，从2012年开始在7%平台上平稳运行、缓缓下行，2015年三季度开始回落到7%以内。

“‘L’型走势的判断符合企业经营实际。”近期对多家企业进行调研的瑞华会计师事务所管理合伙人张连起说，当前随着国内基础设施等投资回暖、国际大宗商品价格回升，部分企业生产经营有所好转，但总体而言企业面临成本上升、价格下行的压力没有改变。

“L”型走势并不意味着未来经济增速运行在一条直线上。专家们认为，未来中国经济从大趋势上看，进入在合理区间平稳增长阶段，但短期内出现一些小波动是难以避免的，要保持淡定。

信号二：宏观政策保持稳定

经济运行平稳，宏观经济政策自然不会出现大幅摇摆和反复。

“不能因为一时的数据稍有好转而掉以轻心，不必因为一时的数据稍有回落而惊慌。宏观政策要稳住，既向市场发出可以预期的明确信号，又为经济稳中求进提供必要的政策环境支撑。”国务院发展研究中心宏观经济部研究员张立群说。

对于今年的宏观经济政策，中央已作明确安排。中共中央政治局4月29日召开会议强调，坚持宏观政策要稳、产业政策要准、微观政策要活、改革政策要实、社会政策要托底的总体思路。要坚持适度扩大总需求，实行积极的财政政策和稳健的货币政策，坚定不移以推进供给侧结构性改革为主线。

近日公布的央行货币政策执行报告指出，下一步继续实施稳健的货币政策，保持灵活适度，适时预调微调，增强针对性和有效性，做好与供给侧结构性改革相适应的总需求管理。

“我们需要适度的需求管理以防止经济失速，但不能理解成新的刺激，否则会导致调结构出现反复。所以要发出明确信号，宏观政策保持稳定性和连续性，避免市场误读。”中国社科院金融所银行研究室主任曾刚说。

中国经济长期以来积累的风险正在冒头，这时宏观经济政策操作要尤其谨慎。蔡志洲说，目前不少企业和部分地方政府债务负担已经较重，宏观政策要以稳为主，注意防范系统性风险，同时更加注重以改革的办法化解深层次矛盾。经济发展进入新常态后，要与旧的思维模式和方式告别，要增强定力着眼长远。

信号三：重点推进供给侧结构性改革

“L”型走势的预判，实际上也在警示我们，中国经济的出路是，必须坚定不移推动供给侧结构性改革。

随着近期钢材价格的回升，部分落后钢铁产能“跃跃欲试”，钢铁行业去产能面临考验。

“虽然当前钢价上涨，但原材料燃料价格涨幅更大，形势依然艰难。‘L’型走势的判断提醒钢铁行业，要坚定不移地去产能、降成本，才能适应新常态，提高效益。”广西柳州钢铁集团有限公司总经理甘贵平说。作为我国西南地区最大的钢铁联合企业，柳钢坚持调结构、降成本，今年一季度盈利超过8000万元，成为国内钢铁行业中少数实现盈利的企业。

张立群说，经济“L”型走势，实际上是形成促进供给侧结构性改革的一定的倒逼压力。因为调结构是痛苦的，如果企业在高增长中过得舒舒服服，就不会有调结构的动力；但如果企业被困难击垮，也就失去了调结构的主体。而“L”型走势，一方面保持稳定的必要的经济增速，使企业有起码的财力投入结构调整，另一方面又给企业形成一定的压力，倒逼企业苦练“内功”。

下坡路会越走越快，而爬坡过坎、滚石上山则异常艰难。去产能、去库存、去杠杆、降成本、补短板，每一项任务都非常艰巨，都需要付出很大的努力和代价。这就需要充分发挥市场配置资源的决定性作用，在充分竞争中实现优胜劣汰；各级政府也应积极发挥引导作用，给有困难但又有条件的企业以帮助和支持。

“未来几年困难会比较多，要做好艰苦努力的准备。”张连起说，不能因为当前有些指标好转就认为“三去一降一补”可以松口气了，否则前功尽弃。

行百里者半九十，结构性改革的大幕刚刚拉开。张立群等专家强调，当前要在稳定宏观政策、稳住经济增速的前提下，集中精力、咬紧牙关力推供给侧结构性改革，为中国经济跨越“中等收入陷阱”、实现质量效益的飞跃打造新的“发动机”。

（作者：刘铮 王希 李斌）

（来源：解放军报）

中国经济转型发力稳步向前

发展，向着转型升级全力推进

不久前，一位韩国学者调研山东青岛一家服装厂时，吃惊地看到，生产线上每台缝纫机都装备了小型电脑，“互联网+”推动的大规模个性化定制，使工厂年利润居然增长了150%。这位学者感慨地说，“脚下的这片土地，已不再是依靠廉价劳动力生存的韩国企业所能待的地方了”。

同样感到吃惊的还有麦肯锡全球研究院。在去年该院发布的《中国创新的全球效应》报告中说，大量实证数据表明，中国仍然是擅长消化吸收引进技术的“创新海绵”，而且自主创新能力、有利于持续创新的生态系统“远胜于世界的估计，令人吃惊”。报告说，尽管研究认为中国还需付出更多努力解决一些问题，但“中国的确具备了成长为全球创新领导者的潜能”。

这是中国经济发力转型大步向前的生动注脚。

还有更多场景——从“嫦娥”飞天“蛟龙”入海，到高铁巨龙蜿蜒舒展；从上海自贸区先行先试，到“一带一路”连点成片；从大众创业万众创新热潮涌动，到全面深化改革协同推进——或印证着变革的波澜壮阔，或记录着进步的深水湍流。

在走向现代化的进程中，中国已经站在一个新的发展水平上——综合国力稳居世界第一阵营，经济增长的质量效益稳步提高；创新驱动发展战略深入人心，科技成果产出持续扩大，一批核心关键共性技术实现突破；服务贸易取得长足进展，“走出去”战略加快实施；能源消费结构发生深刻变化，绿色发展重绘大美中国；人均可支配收入连年超过GDP增速，消费占比越来越大，人民福祉大幅增加。

在走向世界的进程中，中国的分量越来越重——持续提高的影响力成为全球经济复苏的动力源，被评价为“在主要新兴经济体中最具竞争力”。2015年，货物贸易进出口和出口额仍居于世界第一位；社会消费品零售总额、服务贸易进出口额稳居世界第二位；吸引外资连续24年位居发展中国家首位；对外投资位居世界第三位。这是一份助力国家经济增长和世界经济发展的出色答卷。

回望1978年，我们党顺应时代要求，以英明政治决断做出改革开放的战略抉择，拉开了中国经济起飞的大幕，创造了世界瞩目的中国奇迹；今天，累积30多年快速发展的雄厚物质基础，面向经济全球化、文化多样化、社会信息化程度日益加深的新格局，中国走进了新的发展时期，在更高发展水平上推进现代化进程。

潜力，中国仍然堪称世界经济的“优等生”

历史将怎样记录“十三五”开局的这个新起点?

2016年新春伊始，全球黄金、股市、汇市，粮食、石油、矿石等价格指标齐声振动，令曲折复苏中的世界经济行情激变、险象环生。艰难现状，从根本上说还是国际金融危机的演变和深化，是发达经济体过度依赖金融扩张、财政刺激的传统发展模式，以及多年积累的结构性问题交织缠绕所导致。为重启新一轮经济增长周期，世界各国都在加快结构调整步伐，培育新的增长动力，积极打造具有强劲增长和可持续发展能力的经济结构，争取彻底摆脱困境、重新走向繁荣。尤其要看到，新的产业变革催生了涉及经济、技术、环境、社会、文化等广泛领域的深刻变革，也势必改变世界经济的增长轨迹和传统格局。

国际经济动荡与各种不稳定、不确定的因素，都会通过各种途径传导进来；加上我国经济发展面临结构调整节点和动力转换节点，低端产业产能过剩要集中消化，低成本资源和要素投入形成的驱动力明显减弱，各种因素叠加使我们面临着很大的经济下行压力。但是，超越短期的、扰动性的、局部的现象层面，着眼于主导性趋势和宏观层面，无论是从已取得的发展成绩看，还是从拥有的发展潜力看，中国仍然堪称世界经济的“优等生”。

“我国经济发展长期向好的基本面并没有变，经济韧性好、潜力足、回旋余地大的基本特征没有变，经济持续增长的良好支撑基础和条件没有变，经济结构调整优化的前进态势没有变”。习近平总书记概括的“四个没有变”，深刻阐明了“中国信心”的深厚基础，是我们认识、适应、引领经济发展新常态的立足点。

从过去几十年的经验可以看到，我国经济体制的调整和适应能力比较强，面对不同发展阶段要求不断加以改革完善，既释放了制度红利，也增强了体制适应性。

与发达国家相比可以看到，我国经济追赶型增长过程并没有结束，从基础设施和民生领域的迫切投资要求，到不断升级的居民消费结构，内需增长空间巨大。

从区域发展差异可以看到，我国结构调整有着较大的回旋余地。一些产业虽然在沿海地区失去了比较优势，但在内陆地区仍然有发展前景；国际大宗商品价格下跌虽然对资源型地区造成困难，但在另一些地区却有利于降低成本和提高效益；一些地区面临较大去产能压力而放缓经济增速，但另一些地区则由于“早调整早主动”，实现了转型升级并进入稳定增长期。

从产业体系完整性可以看到，我国是全世界唯一拥有联合国产业分类中全部工业门类的国家。这个举世无双、行业齐全的工业体系，使我国拥有了其他国家无法比拟的产业配套能力、技术成果产业化能力和抗风险能力。

从宏观调控空间可以看到，我国中央政府和居民部门负债率都不高，金融状况总体比较健康，拥有庞大的外汇储备和国有资产，宏观调控具备较多政策工具和较大政策空间。

中国经济的这些鲜明特质，在世界范围看都非常难得。更何况，我们已形成推动未来改革发展的正确思路。眼下，一方面，从供给侧发力的结构性改革正在全面推进，去产能、去库存、去杠杆加快进行，各类配套政策相继出台以减轻转型阵痛；另一方面，新的发展理念正在落地生根，以创新解决发展动力问题，以协调解决发展不平衡问题，以绿色解决人与自然和谐问题，以开放解决发展内外联动问题，以共享解决社会公平正义问题。这五大理念，符合我国发展所处的历史方位和特定阶段，揭示了我国经济发展的新特征、新趋势，有利于在未来国际竞争中赢得主动。

实干，激发攻坚克难开拓创新的热情

今天的中国，的确面临着长长的“问题清单”。化解产能过剩、应对总需求收缩、治理生态环境、提升开放水平、跨越“中等收入陷阱”……来自经济系统、自然系统和社会系统的挑战，无一不是艰巨的课题、难啃的硬骨头。《纽约时报》曾感叹，“治理未来十年的中国，可能是全球最为艰难的工作之一”。

站在更高的历史起点上，克难靠发展，发展要转型，转型靠改革。而这一切最关键的在于实干，在于进一步激发改革创新、干事打拼的热情。习近平总书记强调，“一分部署，九分落实”，“要抓实、再抓实，不抓实，再好的蓝图只能是一纸空文，再近的目标只能是镜花水月”。

眼下，全面深化改革的各项工作已经部署，贯彻新发展理念的要求十分明确，抓落实的任务之重前所未有。抓落实关键靠人，靠全社会、全民族的积极性创造性。

当前，如何调动各个发展主体的积极性、主动性、创造性，形成千帆竞渡、百舸争流的改革发展生动气象，是迫切需要高度重视、认真研究的问题。

第一，充分调动企业家的积极性。企业的创新意愿和活力，是检验结构性改革成效的一个重要标尺。国有企业也好、民营企业也好，要引入新技术、设计新标准、实行新管理、开辟新市场，无不需要创新实干的企业家精神，这是市场经济中最稀缺的资源、最核心的竞争力。对此，习近平总书记明确指出，“激发市场活力，就是要把该放的权放到位，该营造的环境营造好，该制定的规则制定好，让企业家有用武之地；我们强调要更好发挥政府作用，更多从管理者转向服务者，为企业服务，为推动经济社会发展服务”。我们要深刻领会这一精神，把发展实体经济和培育有核心竞争力的优秀企业作为制定实施经济政策的出发点，在持之以恒的反腐倡廉中加快制度创新，打造政府与企业、政府与市场、政府与社会的新型关系，真正把功夫下在巩固基础、增强底气上。

第二，充分调动科研人员的积极性。科技创新活动具有独立性、自主性、创造性的明显特点，用过度行政干预的方式搞科研，结果只能是事倍功半。以良好的科技评价和奖励制度形成正确的评价导向，是激发科研人员创造活力的关键措施。这就要对科技管理体制、决策体制、评价体系以及科技系统组织结构、科技人员人事管理制度、科研经费使用管理办法、科技成果产权制度等方面有步骤、有系统地推进改革，加大物质奖励、精神奖励和法治保障力度，最大限度地调动和激发广大科技工作者的创新活力，解放和发展“第一生产力”。

第三，充分调动大众创业、万众创新的积极性。近两年，中央在推动“双创”上出台了不少政策，并鼓励社会、民间资本参与进来，共同培育支持蹒跚起步的创新型企业。下一步，我们既要落实好已出台的各项扶持优惠政策，还要进一步从战略上研究和采取一揽子措施，净化创业生态，优化市场环境，破除技术壁垒、垄断藩篱，保证各类所有制经济依法平等使用生产要素，公开、公平、公正参与市场竞争，并以健全的法制规范行为秩序、保障创新权益、保护营商环境，让更多的创新型企业不仅“生出来”，更能“长起来”，促进全社会创业创新活力充分迸发，用创新驱动转型发展的新引擎。

第四，更有效地调动干部队伍的积极性。党的干部队伍是党和国家各项事业的骨干力量，一支既廉且能、履职尽责的干部队伍是经济发展、社会稳定的基石。长期以来，我们党培养和造就了一支高素质的干部队伍，在我国改革发展事业中发挥着重要作用。但也要看到，当前确有少数领导干部无论是思想作风还是能力素质都不能适应形势发展的要求，或因为官不易“不想为”，或因本领恐慌“不能为”，或因担当不足“不敢为”，影响了改革推进和政策实施，人民群众的反映也非常强烈。治理庸官能混、懒官能撑、“为官不为”的现象，不能等、不能拖，必须辩证施策，争取尽快扭转。要继续以“三严三实”要求严格对照检查，同时开展精准化的理论培训、政策培训、科技培训、管理培训、法规培训，增强广大干部适应新形势新任务的信心和能力；要把严格管理干部和热情关心干部结合起来，推动广大干部心情舒畅、充满信心，积极作为、敢于担当；要完善容错纠错机制，区分好改革的探索性失误和明知故犯的违纪违法；要健全激励保障制度，使庸官不能上岗、懒官难过考核，有力支持和保护那些作风正派又敢作敢为、锐意进取的干部。

十几年前，习近平同志任职省委书记时，曾撰写过一篇文章《要拎着“乌纱帽”为民干事》。其中，“每一个领导干部都要拎着‘乌纱帽’为民干事，而不能捂着‘乌纱帽’为己做‘官’”一句，今天读来，依然振聋发聩。在改革发展的紧要关头，我们需要大批有能力、有作为的党员领导干部，增强一心为民的公仆情怀，保持昂扬向上的进取心，保持干事创业的精气神，才能更好地团结带领全国各族人民，一鼓作气攻克一个个障碍、拿下一个个堡垒，为实现两个一百年目标、实现伟大“中国梦”打下坚实基础！

（作者：钟经文）

（来源：经济日报）

创新奏响中国经济最强音

充分释放全社会创新创业潜能

代表委员认为，坚持创新发展、培育发展新动力，应当推动大众创业、万众创新，充分释放全社会创新创业潜能。

“当前大众创业、万众创新深入人心，新的市场主体快速增加，新技术新业态新模式不断涌现，对于促进经济结构调整、打造发展新引擎、走创新驱动发展道路具有重要意义。”常振明认为，应当进一步推进简政放权，出台财税、金融等领域改革举措，打造众创、众包、众扶、众筹平台，构建多方协同的新型创新创业机制。

“对于创业者不仅要扶上马，更要送一程。”刘益春说，吉林省近年来鼓励高校毕业生创新创业，出台了发展众创空间推进大众创新创业的各种政策，市场主体总数突破172万户。

“创新创业不仅是小微企业的发展需要，也是大企业做强做优的重要途径。”常振明说，在集团所属的中信重工，建立了以1个劳模工作室、5个大工匠工作站、16个首席员工创新工作站为代表的工人创客群。2013年以来中信重工的新产品对盈利贡献率已达到了70%，研发的电子变频传动控制产品打破了国外企业在该领域的长期技术垄断。

最紧迫的就是要破除体制机制障碍

代表委员认为，推动创新发展，最紧迫的就是要破除体制机制障碍，通过改革最大程度地激发创新主体的活力和潜能。

“如果不触及深层次体制机制，任何改革都难有实质性的突破。”常振明认为，推进供给侧结构性改革，就是要实现从依靠要素投入为主，向以提高全要素生产率为主的发展模式转变。要加快完善激励和保护创新的制度体系，加快政府职能从科研管理向创新服务转变。

刘益春说，要推动各创新主体打破壁垒，构建以市场为导向、产学研相结合的技术创新体系，充分释放人才、资本、技术等创新资源的活力，让创新成果顺畅转化为现实生产力。

“完善创新创业的体制机制，离不开政府的自我革命。”熊群力说，政府在深入推进简政放权的同时，要更注重放管结合、优化服务，解决放权不同步、不协调、不到位问题，进一步释放制度红利。同时，政府应加强信息化技术和政策平台的建设，为企业创新创造提供更公平的竞争环境。

（作者：吴秋余 余建斌 李心萍）

（来源：人民日报）

推动新旧经济融合是当务之急

促进新经济与传统经济融合，不仅是新经济的发展方向和社会责任，也是传统经济的主动作为的方向，更是政策调整与体制变革的基本导向。

当前我国正处于加快供给侧结构性改革、推进经济转型升级的关键时期。一方面，经济增长下行压力在加大，人民日报采访的权威人士鲜明指出，“我国经济运行不可能是U型，更不可能是V型，而是L型的走势。这个L型是一个阶段，不是一两年能过去的”。另一方面，我国拥有超13亿人的巨大市场潜力，完全可以形成新的增长动能，既支持经济中速增长，又加快我国经济发展方式转变。

有效释放增长潜力，需要配套推进一系列政策调整与体制变革。但首先要在理念方面尽快破除一个认识误区——有人认为，近几年实体经济不景气与新经济的发展直接相关，认为新经济对传统经济带来了巨大的破坏效应，加速了传统经济衰败，甚至有人提出“淘宝不死，中国不富；活了电商，死了实体”的观点。

在中国经济转型的关键时期，如果还坚持这种陈旧的理念，对经济增长恐怕有弊无利。当前重要的不是争论新经济是否摧毁了传统经济，而是尽快寻找一条推进新经济与传统经济融合的有效路径，既发挥新经济优势，又推进传统经济升级换档，打造“新经济实体”。这是我国当前供给侧结构性改革的一项重大任务。

一方面，要客观承认并看到，新经济发展的趋势不可避免。凯文·凯利在《必然》中提到，当我们面对数字经济中极力向前的新科技时，第一反应可能是退回原位，我们会对它加以阻止、禁止、否认，但这只会成功地把顾客变成敌人。未来的新经济，制造服务化是“必然所在”。未来30年，可能我们还会继续使用汽车、鞋子等有形物体，但这些产品会变成服务和流程。以此来看，我们当前经济生活中的电商等，不过是新经济的初级业态。对这一初级业态不能适应，并且把它与传统经济对立起来，结果很可能也是“成功地把顾客变成敌人”。

另一方面，传统经济正处于转型升级的关键时期。新经济的发展，并不意味着排斥制造，更不意味着产业空心化。以制造业为例，我国目前出现大量的产能过剩，重要根源之一在于过去出口导向的发展方式，在外部市场萎缩之后产能难以消化。是这些产能没有市场吗?不是。是低质产品吗?也不是，相当一部分产能恰恰是高质量的产能。之所以出现制造业的产能过剩，原因是有效供给无法找到有效需求，供求错配。推进传统经济转型升级，就是要以需求为导向加快资源配置，发展订单生产等。而这既不能排斥新经济，更不能退回到非市场经济中。

事实上，有新经济的引导，有传统经济的转型需求，两者完全可以融合起来，释放出新的增长动力。目前，各方高度关注中国是否会掉入“中等收入陷阱”，但推进新旧经济的融合，形成新的增长动力以取代传统的增长动力，恰恰是保障我国跨越“中等收入陷阱”的重要举措之一。

从现实情况看，我们也有条件推进这一融合。当前几大电商巨头如“BAT”(百度、阿里巴巴、腾讯)，已不仅仅是电商企业，更多地成了商业生态中的基础平台。例如，阿里巴巴2015财年商品即时交易总额突破3万亿元，成为全球最大零售平台，并创造了1500万个直接就业机会，带动3000万间接就业机会。这些数据表明，很多新的市场主体正在探索新经济与传统经济的融合，助力传统经济转型升级。

中国经济要增长，不能没有传统经济，也不能没有新经济，但更不能出现传统经济与新经济相互撕裂的格局。促进新经济与传统经济融合，不仅是新经济的发展方向和社会责任，也是传统经济的主动作为的方向，更是政策调整与体制变革的基本导向。通过融合打造一个个具有强大生命力的“新经济实体”，才能闯出一条经济转型升级的新路。

（作者：匡贤明）（来源：新华每日电讯）

供给侧结构性改革与经济伦理观念的变革

供给侧结构性改革将是我国“十三五”时期一个重大改革战略。从短期看，供给侧结构性改革是要抓好去产能、去库存、去杠杆、降成本、补短板五大任务。从长远看，它要达到的目标是提高经济发展质量和效益，推进经济长期可持续稳定发展，避免落入中等收入陷阱，最终实现由中等收入国家向发达国家的转变。无论是短期任务还是长远目标，都涉及大多数社会成员的利益调整问题。例如，要加快淘汰僵尸企业，有效化解过剩产能，就必然会影响相关产业人员的就业问题。而要提高经济发展的质量和效益，就必须增强企业活力和不断提高全要素生产率，这又会引发国有企业和相关行政管理体制和机制的改革，影响相应单位和部门的既得利益。利益是道德的基础，供给侧结构性改革所带来的经济利益关系调整势必会影响人们经济伦理观念的重大变化，能否引导好这种变化，将改革的阻力转变为动力，是供给侧结构性改革能否取得成功的重要保障之一。

供给侧结构性改革引发的经济伦理观念变革之一，是就业伦理观念的转变。供给侧结构性改革去产能、去库存、去杠杆、降成本、补短板这五大任务中，至少前四大任务都涉及大量的从业人员转岗、分流甚至失业的问题。在化解产能过剩过程中，失业现象较经济扩张时期更为突出。由于各项社会保障政策都属于托底性质，要想过上更富裕、更美好的生活，转岗和分流人员重新就业或创业才是根本。因此，一方面要依靠政府和企业创造出更多的就业岗位，另一方面，转岗和分流人员必须转变就业伦理观念。市场经济下的失业分为两类：一类是自愿失业；另一类是非自愿失业。非自愿失业又称“需求不足的失业”，指工人愿意接受现行工资水平与工作条件，但仍找不到工作而形成的失业。在化解产能过剩过程中出现的失业现象属于结构性和周期性的，因而是非自愿失业，但它可能转化为自愿失业。自愿失业是指自愿放弃工作机会而不愿意寻找工作所造成的失业。自愿失业的原因分为社会和个人两大类。就个人而言，过分挑选就业地点、工作种类和工作福利条件以及贪图闲暇与安逸等是最主要的原因。所以，如果在化解产能过剩过程中产生的富余人员不愿意转变就业观念，不愿意放弃国有企业员工的身份，或是以原有行业利润高峰期的收入和福利标准来挑选新的就业地点和岗位，就有可能出现从非自愿失业转化为自愿失业的结果。这种结果对失业人员和政府双方来讲都是一种负和博弈，博弈的双方都是损失大于所得，且失业人员一方的损失可能更大。要改变这种结果，使失业人员和政府双方的博弈变为一种正和博弈，就员工而言，应牢固树立自食其力的价值观，崇尚依靠自力更生构建美好生活的行为准则。

供给侧结构性改革引发的经济伦理观念变革之二，是致富观念的变革。我国经济持续30多年的高速增长，使人们形成了这样一种心理预期，即在市场经济中，只要勤劳奋斗、拼命赚钱，个人财富就会快速增大。实际生活中，一部分人的“快富”强化了这种心理预期，由此逐渐形成了一种崇尚“快富”的经济伦理观。而在今后的较长时期，我国经济从高速增长过渡到中高速增长，与此相联系，多数人的收入和财富增长速度也势必放慢。因此，我们要对财富增长速度的认识做出调整，由急于“快富”和“暴富”的心理转变到“平稳致富”的经济伦理观。“快富”的经济伦理思想并不符合市场经济的客观规律，因为既然参与市场的每个人的收入主要由技巧和机会混合决定，而决定机会的市场环境是无法预测的，人们的收入只会随市场的周期性变化而变化，绝不是只升不降。因此，每个人，无论贫富，都把他的收入归因于技巧和机会混合作用的产物，这只能是因为我们同意参与市场经济这种游戏所致。一旦我们同意加入这场游戏，并从其结果中获益，我们就有道德上的义务接受其结果，即使它们转而对我们不利。也就是说，由于市场经济内在规律的作用，经济增长的实际速度必然呈现有高有低的周期性变化。人们在高速经济增长时期更快、更多地“赚到”财富收入，并不能保证他在经济增速放缓甚至经济衰退期也能同样地“快富”。我们当前之所以不得不进行供给侧结构性改革，除了国际外需环境的变化和中国“人口红利”趋于减少的原因之外，其余因素都与我国原有的经济增长方式存在缺陷有关，其中最为突出的就是市场资源配置不合理、经济增长和产品扩张只重数量不重质量，导致产能严重过剩、收入分配不公平、资源和环境保护不严格等等。若不改变这种经济增长方式和财富攫取方式，大多数人的经济收入增加与生活质量损失增大的“损益平衡点”就会迅速向损大于益的方向转变。因此，转变“致富”的经济伦理观念，从本质上看就是要抛弃过去那种“竭泽而渔”甚至“饮鸩止渴”的财富攫取方式及其所形成的“快富”和财富“只升不降”的伦理观，牢固树立“平稳致富”的经济伦理观。

供给侧结构性改革引发的经济伦理观念变革之三，是政府角色伦理观念的变革。当前我国的产能过剩既有总量上的，也有结构上的。引发产能过剩的原因，既有次贷危机后国际市场变化所造成的，也有国内自身的原因。在市场经济周期规律的调节下，过剩的产能要么被市场淘汰，要么被扩张的经济所吸收。而在我国，除上述原因以外，更主要的是地方政府为追求GDP政绩，拼命招商引资，大量重复建设，过剩产能受到地方保护所致。政府既当裁判员，又当运动员，都想在“GDP的竞技场”上一展身手，唯独不满足于当好“赛场”的后勤保障和服务员。政府角色的这种“越位”不仅会导致本应为社会民生提供集体主义制度保障的资源短缺，还会助长无效供给，迟滞经济增长方式的转型升级。不可回避的事实是，我国提出淘汰落后产能，促进产业升级和经济增长方式的转变已有多年，但在很多地方和行业都收效不大，往往是一边淘汰落后产能，一边继续扩张形成更不利的过剩局面，出现“越治理越过剩”的怪圈。这表明，转变政府的职能角色还是一场艰巨的挑战。从现代政府在市场经济中的基本职能来看，它的最根本角色就是“服务”，即创造条件使竞争尽可能有效；在不能行之有效的地方给竞争提供补充；在利润不足的领域提供公共产品和服务。从这一根本的角色要求出发，政府公共行政的角色伦理必须从既当裁判员，又当运动员，转变到只当好服务员，为社会民生提供真实而必要的集体主义制度保障。

（作者：乔洪武 邓钺）

（来源：光明日报）

适应新常态　发展新经济

2016年《政府工作报告》中首次写入新经济。加快发展新经济，是我国适应新常态、引领新常态的一个重要思路和发展路径，对于我国推进供给侧结构性改革，实现新旧动能转换，具有战略性的重要作用。

经过三十多年的持续高速增长后，我国经济发展进入到增长新阶段。从国际环境看，当前世界经济持续复苏乏力，经济形势错综复杂，国际贸易下降，金融风险增加，这些都对我国经济产生了一定的影响。从国内环境看，我国经济进入新常态，经济发展方式正从规模速度型粗放增长转向质量效率型集约增长，经济结构正从增量扩能为主转向调整存量、做优增量并存的深度调整，经济发展动力正从传统增长点转向新的增长点。

新常态是新旧产业和发展动能转换的接续关键期。在传统动能由强变弱时，特别需要新动能异军突起和传统动能转型，形成新的“双引擎”，才能推动经济持续增长、跃上新台阶。因此在我国当前新旧动能转换的关键时期，必须培育壮大新动能，加快发展新经济。加快发展新经济，对于引领新常态，着力推进供给侧结构性改革，实现新旧动能转换，保持中国在世界经济发展中的“火车头”地位，甚至在当代世界经济竞争中“弯道超越”其他发达国家经济体，具有战略性的重要作用。

“新经济”是相对于传统经济而言的，主要指在经济全球化背景下，由信息技术革命带动的、以高新技术产业为龙头的经济，包括“互联网+”、先进制造业、新能源、新材料、新业态等重要内容。目前对新、旧经济的理解多是从技术角度展开，认为新经济往往具有较高的技术水平或者较为先进的商业模式。如果从经济动能转换和供给侧改革的角度来看，新经济事实上代表的是未来的需求发展方向和经济发展方向，其覆盖面和内涵是很广泛的，不仅仅是指三产中的“互联网＋”、物联网、云计算等新兴产业和业态，也包括工业制造当中的智能制造、大规模的定制化生产等，还涉及第一产业中有利于推进适度规模经营的家庭农场、股份合作制，农村一、二、三产融合发展等。

加快发展新经济是我国供给侧改革的重要内容。一方面加快发展新经济，将形成新旧动能接续转换，为我国经济保持中高速增长提供新动力。当前我国经济进入新常态，需要新动能异军突起和传统动能转型，才能推动经济持续增长、跃上新台阶。通过大力发展各种新技术、新产业、新业态，同步建立健全新制度、新体制、新机制，将产生源源不断的新动力。同时，新动能成长起来，创造出大量就业岗位，就能为传统产业增效升级和人员分流创造条件，从而带动传统产业的转型升级，使传统经济焕发出新动力。另一方面，加快发展新经济，将为我国追赶发达国家甚至“弯道超车”提供历史机遇。近年来，我国以互联网经济为主要特征和内容的新经济得以快速发展，在互联网购物消费配送、互联网社交微信应用、互联网金融创新等方面保持了一定程度的领先优势。加快发展新经济，将巩固和扩大我国互联网经济方面的优势，并培育和形成其他领域如新能源、新材料、分享经济、绿色经济、绿色金融等新经济的优势，这就为我国“弯道超车”提供了现实可能性。

大力发展新经济，要加快实施创新驱动发展战略，大力推进“互联网+”战略，将提升存量和做强增量相结合，推动经济发展动力从依靠低端要素驱动向全面的创新驱动转变。采取“互联网+制造”、“两化深度融合”、O2O(线上线下)渠道拓展等模式，改造提升传统优势行业，使其从低端加工制造环节向微笑曲线的两端延伸拓展。瞄准能够引领新一轮工业革命的先进制造技术和生产方式，努力研发网络协同制造关键技术、绿色制造技术等先进制造技术，研发并推广应用虚拟制造、远程网络制造等先进制造模式。着力寻找全球制造业变革中的新增长点，准确把握新兴产业、科学技术、市场需求的发展动态，抢先布局生物医药、智能机器人、高端智能装备、物联网基础设备等新兴产业，打造若干全球知名的创新型特色产业集群。同时，积极培育发展知识技术密集型生产性服务业，促使制造业提高技术含量和降低生产成本，同时依托制造业的不断扩大为服务业提供有效需求，带动服务业转型升级。

（作者：向晓梅）

（来源：经济日报）

反腐败对经济发展有利无害

在反腐败斗争深入推进的新形势下，有的人抛出了反腐败对经济发展有负面影响的观点，认为反腐败是引起当前经济下行的原因之一，并列出了一些似是而非的理由。按照他们的逻辑，腐败对经济发展反而有正面作用。这显然是离谱的谬论，需要加以澄清。

众所周知，腐败不创造任何价值，不会带来社会财富的增长，因而不可能对经济发展产生任何正面作用。但有的人坚持一种“双刃剑”的思维方式，几乎可以把任何一件危害很大的事情说成对经济发展有利，而把防止这种事情发生的行为说成对经济发展有害。比如，按这种思维方式分析，偷盗等犯罪行为带来制锁、防盗门等防盗设备行业产生和发展，拉动了经济增长；如果打击偷盗使之减少直至消失，锁和防盗门的销售就会减少，从而对经济发展产生负面影响。这显然是荒谬的结论。因为我们都知道，偷盗对社会危害很大，生产防盗设备会占用经济资源，对整个社会来说是一种负担；如果偷盗减少乃至消失，防盗设备相应减少乃至不用生产，就可以把该行业占用的经济资源用来生产社会更需要的产品。所谓反腐败有害经济发展，其实就是用这种思维方式看待反腐败与经济发展关系得出的结论。其具体理由之一是说反腐败减少了公款消费，导致原来依赖公款消费的某些行业萧条萎缩。这种理由当然是站不住脚的。同样道理，依赖公款消费而发展起来的某些行业占用大量经济资源，造成严重浪费；反腐败减少了浪费和不必要的公款开支，可以把原来被占用的经济资源用在更需要的地方。把过去用错了地方的经济资源通过反腐败重新进行有效配置，显然有利于经济发展。

还有人甚至借助模型来估算腐败对GDP的贡献率，结论当然也是荒谬的。GDP核算主要反映产出总量，对核算项目并不做利害分析和是非评价。腐败现象引起的消费和正常消费一样计入GDP，但是腐败造成的损失却没有扣除，这就像环保投资纳入核算而污染损失没有扣除一样。如果说过去某个时期与腐败相关的消费在GDP中占了一定份额，那是早该消除的不健康因素，而不是什么贡献。通过反腐败来减少直至消除这个份额，将使经济发展更加健康，怎么能视为负面影响呢？其实，早在20世纪80年代就有人说腐败是经济发展的润滑剂，这种观点纯属错觉和误判。腐败破坏了市场秩序，加大了交易成本，毒化了社会风气，对整个经济发展有百害而无一利。因此，腐败对经济发展来说不是润滑剂，而是销蚀剂。

那些说反腐败对经济产生负面影响的人还有一个理由，就是认为反腐败捆住了干部的手脚，使其不敢担当、不敢作为。言外之意是，只有放松乃至停止反腐败，才能让干部放开手脚去担当和作为。这种认识和主张是完全错误的。全面从严治党，把权力关进制度的笼子，是防治腐败的根本办法，也是保护干部的必要措施，绝不是要捆住干部的手脚。腐败与正常工作失误有本质区别。在改革中大胆探索、勇于担当难免有失误，这是可以宽容的，腐败却不可宽容。过去有些腐败分子为权力寻租奔走，干劲很大。但须知，腐败分子的权力寻租越积极、“获得感”越多，群众的积极性就越低、获得感就越少、意见就越大。企图通过纵容腐败来调动干部工作积极性，只能是南辕北辙。

我国经济在经过长时期高速增长后，现在增速放缓总体上是正常的，不能归咎于反腐败。再进一步说，在世界经济低迷的状况下，我国近年经济保持中高速增长已属来之不易，是社会各方面共同努力的结果，与反腐败工作的成效也是分不开的。如果不是反腐败消除了一些单位和领导干部为权力寻租而设置的种种障碍，规范了市场秩序，降低了办事成本，净化了社会风气，就不可能保持现在的经济增长。把反腐败视为经济下行的原因，既不利于深入开展反腐败斗争，也无助于经济健康发展。

（作者：郑志国）

（来源：人民日报）

开放型经济孕育发展机遇

只有在开放中才能获得更多的发展机遇，这是被历史所证明的道理，大块头经济体尤其需要引领开放型经济潮流。

美国贸易代表办公室5月10日宣布，就中方对美国诉中国白羽肉鸡反倾销、反补贴措施案的执行措施，美国当天提出与中方在世界贸易组织争端解决机制下进行磋商。几天前，美国国际贸易委员会曾宣布，对中兴、联想、索尼、三星等多家全球知名电子企业在美销售的部分便携式电子设备产品发起“337调查”，那些所谓涉案产品是否将彻底丧失进入美国市场的资格，成为一大悬念。这是不是贸易狼烟的味道？人们在看。

近年来，美国贸易保护主义明显抬头，动辄对他国产品挥舞起调查与制裁的大棒。英国全球贸易预警组织发布的报告显示，自2008年11月至2015年10月，美国共计实施了377项反倾销或反垄断措施，位列全球贸易保护水平较高的国家之列。还有数据显示，从2007年到2015年3月，美国共发起“337调查”362起，其中涉华案件多达152起，占比为42%。截至2014年，中国已连续13年成为遭受美国“337调查”最多、涉案金额最高的国家。越来越多的美国企业开始利用337条款对输入美国的产品提起侵权调查，以期实现保护美国产品和企业的目的。

美国释放出来的保护主义气息，让国际社会越来越感到忧虑。尤其是在今年的美国总统大选中，民主、共和两党的几位总统竞选人在党内党外吵得不可开交，但他们有一个共同点，就是都对国际贸易抱怀疑态度。有的竞选人甚至极端地主张撕毁美国现有的贸易协定、对从中国和墨西哥进口的商品开征高额关税。奇怪的是，这样的“奇葩”言论竟然不乏市场。

不谋全局者，不足以谋一域。20世纪30年代的惨痛教训更是应该引起这些吹鼓手的警醒。为了摆脱1929—1933年的大危机，超贸易保护主义在西方国家盛行。英国抛弃自由贸易政策，转而缔结英帝国特惠制。美国通过了臭名昭著的《斯姆特霍利关税法》，对2万余种进口商品征收高关税，立即引起欧洲国家对美国产品的报复措施，使全球贸易几乎终止。这种以邻为壑、转嫁危机的做法，恶化了西方国家的关系，成为诱发第二次世界大战的原因之一。

人们应该认识到：当前世界经济仍然处在弱势复苏格局当中，国际贸易增速连续3年低于世界经济增速。发达经济体面临政府债务高企、通胀水平过低、有效需求不足、危机遗留问题交织困境，新兴市场经济体面临经济增长放慢、大宗商品价格疲软、信贷状况趋紧和资本外流风险加大的难题。如果把世界经济比作人的肌体，那么贸易和投资就是血液。如果气滞血瘀，难畅其流，世界经济就无法健康发展。

世界经济的复苏与发展，需要激发国际贸易和投资的活力；需要打破贸易保护主义的障碍藩篱，构建开放型世界经济。5月11日，新西兰贸易部长托德•麦克莱表示希望推进新中自贸协定升级谈判，继续加深贸易联系。相较于那些忙于设置贸易壁垒的做法，这样的思路是不是更见智慧？明眼人都该清楚，只有在开放中才能获得更多的发展机遇，这是被历史所证明的道理，大块头经济体尤其需要引领开放型经济潮流。

（作者：钟声）

（来源：人民日报）

第二章

“一带一路”大战略：世界经济新引擎

“一带一路”架起沟通桥梁

我在担任波兰驻华大使前曾多次到中国旅行，中国已深深印在我心中。十几年前，我还曾担任波兰驻香港特别行政区领事。我见证了中国的快速发展，为中国人民取得的巨大发展成就而高兴，也真诚希望中国能继续取得更大成功。

我几个月前就任波兰驻华大使，第一次有机会观察两会这一盛事。对包括驻华使节在内的外国观察者来说，两会是观察中国的一个重要窗口。我们对中国如何延续其发展战略十分感兴趣。2016年两会一大焦点是经济问题，而且会讨论如何实施下一个五年规划。“十三五”规划是经济新常态下中国新的发展战略。两会不仅深刻影响中国，外界还透过两会议题，找到与中国之间的更多共同利益点，调整同中国合作的策略，实现双赢。

受国际金融危机和国内经济转型影响，中国出现产能过剩问题。中国削减过剩产能方法有很多，但某种程度上说它需要结构性改革，这是一个艰难的过程。我相信中国政府有足够的勇气来推动这些对中国异常重要的改革，它将会改变中国未来经济发展的进程。

世界依赖中国经济。我们看到，中国政府把2016年经济增长预期目标定在6.5%—7%之间，注重提质增效。拥有稳定、可持续的增长很重要。中国经济从工业经济向服务经济、从投资驱动向消费驱动转型，尽管充满挑战，但改革已经在途，中国前景大有希望。

波兰和中国有着悠久的传统友谊，我们在1949年就同新中国建立了外交关系。2011年两国建立战略伙伴关系以来，双边各领域务实合作不断取得新进展。在我们看来，“一带一路”倡议是一个宏大、全面、独具匠心且有活力的规划。“一带一路”不单单是为中国商品通向欧洲建立陆路交通运输，它更是将欧洲和亚洲连接在一起的一座桥梁。

波中关系不仅仅限于政治和经济合作，文化交流也是波中关系的重要方面。文化交流将提升波兰在中国的关注度，同时，文化也有助于中国在波兰提升认知度。两国之间的人文交流，将助力两国的合作。

（作者：林誉平）

（来源：人民日报）

从博鳌论坛看“一带一路”

2016年博鳌亚洲论坛年会主题为“亚洲新未来:新活力与新愿景”，突出了一个“新”字。“新未来”、“新活力”和“新愿景”，这三个既相对独立又相互作用的概念，揭示了亚洲目前发展阶段所面临的主要问题和基本任务，反映了亚洲的现实，带有亚洲新时代的特点。

此次博鳌亚洲论坛年会的浓重底色，是“一带一路”宏伟蓝图，正在一步步地由构想变为现实，从而为亚洲经济发展开辟出了新前景。东南亚、南亚是中国的近邻，在“一带一路”沿线布局中地位至关重要。借此次博鳌亚洲论坛，中国分别与湄公河流域五国及尼泊尔达成重要共识，势必有助于进一步深化中国与东南亚、南亚国家关系，推进整个亚洲地区的经济一体化。

世界大势，如同人的身体。人的生命之所以能够维持，全靠血气所支撑。血气流通不息，熏蒸灌溉着通身各个脉络，才能耳聪目明，手足便利。一旦瘀塞，血气不能升降，就会造成身体臃肿，四肢麻痹，精神萎靡，生命力随之衰竭。因而，不同的文化和文明之间，只能大体求同，小体存异，彼此交流，相互激荡，互为借鉴，才能扩大视野，提升境界。

按照“一带一路”倡议，将古代“丝绸之路”和“海上丝绸之路”赋予新的时代精神，通过国家间各种制度安排，加强公路、铁路、港口、电力、通讯等基础设施建设，从海陆两途将欧亚大陆各国间的经济更紧密地联系在一起，使人力、物力和财力能够在欧亚大陆充分流动，滋润哺育各国经济发展，促进各国社会进步，增进国家间的友谊和信赖，共谋和平发展的大局，从而形成新的、由欧亚大陆人民所能自己掌握的命运共同体。

“一带一路”倡议构思宏阔，立意高远，诚可谓卓然与天地并，沛然与造化同。对中国长远发展而言，它有重开国运之规模。与此同时，它也为欧亚大陆乃至整个世界和平发展提供了一条新思路，已显出重开世运之气象。从世界发展大势看，“一带一路”倡议的确符合世界政治、经济、文化、社会发展全球化的潮流。但历史毕竟得由人的努力所铸就，归根结蒂，“一带一路”最终的前途，在很大程度上将取决于中国。正如古人所言:“元气调而无不顺之四时，心术定而无不安之四肢，中国盛而无不来之四远。”

中国欲联合各国共谋大业，需要储备足够的硬实力，以使各国能切实从中受益，同时也需要软实力，以汇聚各方智慧。除“澜湄峰会”、中尼铁路等重大成果外，今年博鳌亚洲论坛还举办了50多场分论坛，人工智能、“互联网+”，“十三五”规划、供给侧结构性改革等经济议题，也是讨论的重点。尽管世界政治经济气候千变万化，但追求共赢的理想不会改变。为了这个理想而举行的每一次聚会，都凝聚了亚洲各国期望建设友好合作大家庭的心愿。随着“一带一路”战略的推进，人们对博鳌亚洲论坛这个平台寄予了更多新的希望，期盼它对促进亚洲各国之间的经济合作与发展，发挥越来越重要的推动作用。

（作者：宿景祥）

（来源：大众日报）

“一带一路”：打通发展“痛点”，仰望人文“高点”

近年来，随着“一带一路”建设的不断推进，国际社会开始熟知“一带一路”这一词汇，但对于“一带一路”的基本内涵，以及这一内涵背后的时代潮流，尚待更加完整的认识。在笔者看来，“一带一路”建设包含两个层次，一是找准“痛点”、医治“痛点”，打造利益共同体，使沿线各国人民实实在在感受到“一带一路”带来的好处；二是“展现文明”，打造责任共同体和命运共同体，使“一带一路”赢得尊重，深入人心。前者可谓“痛点经济学”，是“一带一路”的起点和抓手；后者实为“文化经济学”，是确保“一带一路”可持续的血脉和灵魂。

“互联互通”找准了“痛点”

“一带一路”的基本内涵是“互联互通”，这四个字找准了中国以及“一带一路”沿线的最大痛点。

所谓“痛点经济学”，意指人们体验中的痛点就是市场的赢利点和体制机制的完善点。在中国国内，丝路城市的痛点表现为，交通物流欠发达，产业层次属于中低端（以采掘业、资源加工业为主），外贸依存度较低，开放型经济占比较小，口岸基本上以转口贸易为主；十多条中欧班列的单向流（空驶回程，导致运价高昂），就是痛点；中资企业在亚非拉市场游刃有余，但由于资质等问题难以进入欧、美、澳等高端市场，就是痛点；中国有丰厚、绝伦的文化资源，但缺乏有全球竞争力的文化产品，所谓“有功夫、有熊猫，但没有功夫熊猫”，就是痛点。痛点就是发力点，也是市场的赢利点。

医治痛点要以“五通”为抓手，即政策沟通、道路联通、贸易畅通、货币流通、民心相通。为此，我们需要真正了解我们的合作对象，了解沿线国家的差异性痛点，据此精准地提供“点穴式”产品。例如，中亚五国中的塔吉克斯坦和吉尔吉斯斯坦经济基础薄弱、结构单一，但水资源丰富，且开发量不足。针对这两国的“痛点”，中国政府和企业应将同这两国的合作重心放在水资源利用以及国际旅游业的联合开发上，在合作中要真正惠及对方民众。再如巴基斯坦，该国电力短缺问题由来已久。“一带一路”倡议2013年推出以来，一批中国公司建设的电力能源项目在巴开工或建成投产。中国建设的电力项目周期短、见效快，缓解了巴基斯坦政府和民众的燃眉之急，受到了巴方各界的欢迎。

在中长期，医治痛点要实现硬联通与软联通的结合。就产品类型来看，要尽快完善“轻资产”名录。中国企业目前“走出去”的很多是港口、高铁、核电、大坝这样的“重资产”项目：如瓜达尔港、中巴经济走廊、孟中印缅经济走廊、中俄西线天然气管道项目、尼加拉瓜运河等，这些项目投资较大、周期较长、风险较大。因此，我们要打造一批有品牌价值的轻资产项目，如餐饮、民俗、文化产业、教育、中医药等，让这些产品走到沿线百姓的生活中去，发挥“润滑剂”和“黏合剂”的作用。

激发分享中国文化的冲动

国内外很多学者常用地缘政治学或政治经济学的工具去分析“一带一路”，但笔者更愿意将“一带一路”视为“文化经济学”的典型案例。理想中的“一带一路”产品，应该同时实现经济收益与文化收益。其实，“一带一路”之所以广受欢迎，不仅仅因为它是一个关系各国利益的经济事件，更因为它能够成为一个备受关注、引起共鸣的文化事件。

在话语权塑造方面，“一带一路”是对传统理念的超越。在国际社会中，“中心—边缘秩序”长期存在，这一秩序在国际政治上的特点是：以民族国家为核心、以“典型欧洲范式”的主权国家框架去规范世界不同的政治主体；这一秩序在全球经济上的特点是：以全球化为核心、以“资本主义范式”的“中心—边缘”框架去约束世界不同经济体，其内在逻辑是“中心侵蚀边缘”“边缘依附中心”。中心国家是那些在世界体系中占据主导地位，依靠先进技术和工业产品控制支配其他国家的国家；边缘国家指那些不得不以出口自然资源和初级产品而受控于中心国家的国家。今天，欧洲的难民潮问题表明，被边缘的人群会轻易冲击中心国家的安全。

“一带一路”倡议的活力，直接体现在路、带、廊、桥等以“去中心”为特点的中国话语，其语义实质是平等、包容，代表着国际社会的“非极化”“去边缘”发展倾向。人们不难看到，“互联互通”已开始成为一种时尚，“痛则不通、通则不痛”的中国文化与哲学思想开始备受瞩目。

从“文化经济学”视角来看，“一带一路”倡议就是读心、暖心、交心的过程，也是打造经济与文化精品的过程。要建成“一带一路”，必须在沿线国家民众中形成一个相互欣赏、相互理解、相互尊重的人文格局。“一带一路”最大的魅力或许在于，它能够激发沿线国家分享中国文化的冲动，这种冲动能够使中国文化行走起来，使“一带一路”拥有温度。这需要我们以开放的视野、谦虚的精神、合作的态度，打通“一带一路”沿线国家经济发展的痛点，最终抵达文化与文明交流的高点。

（作者：赵磊）

（来源：光明日报）

“一带一路”打造世界经济新引擎

2016年是“一带一路”建设全面实施之年。无论国内还是国际社会，对“一带一路”建设都给予了高度评价。但也有一些人对“一带一路”建设心存疑虑，没能正确认识“一带一路”建设的目标和内涵；也有人过分放大建设中可能遇到的问题。因此，有必要对“一带一路”建设的目标、内涵以及机遇、挑战等问题予以深入分析。

“一带一路”建设既是远期的美好愿景，又是近期的实在福利。一些西方人质疑“一带一路”建设，认为它缺乏清晰的内涵、路线图，只写意、不写实。这种理解显然是片面的。“一带一路”倡议是愿景和行动的结合，是内外发展的联动。习近平同志指出，“一带一路”建设不是空洞的口号，而是看得见、摸得着的实际举措，将给有关国家和地区带来实实在在的利益。从长期看，“一带一路”建设着眼于促进21世纪世界经济发展，践行开放包容理念，开创经济全球化广阔前景。从近期看，“一带一路”建设的推进对后国际金融危机时期各国的就业、经济发展等都能带来具体而实际的好处。在沿线各国、各地区努力下，“一带一路”建设将蓬勃发展的亚洲经济圈与欧洲经济圈连接起来，将激发巨大经济潜力和市场需求，打造世界经济发展新引擎。

“一带一路”建设既为中国发展提供动力，又为世界发展创造机遇。“一带一路”沿线国家的经济总量占世界的29%，而人口占63%，前者不到后者的一半。这种经济总量与人口的严重不匹配，凸显了“一带一路”沿线国家发展的巨大需求缺口和潜力。因此，“一带一路”建设源于中国而属于世界，能够把中国的机遇转变为世界的机遇。中国的现代化经验鲜活而丰富，值得发展中国家借鉴。通过基础设施等建设，中国将为世界提供更多公共产品、带给世界更好的合作机遇，推动实现联合国2030年可持续发展议程。

科学把握“一带一路”建设中的机遇和风险。有人把“一带一路”建设歪曲为中国的马歇尔计划，这显然没有读懂中国所走的和平发展、合作共赢道路。习近平同志在多个国际场合明确表示，“一带一路”不搞势力范围，而是推动大家一起加入朋友圈，编织互利共赢的合作伙伴网络。当然也要看到，“一带一路”建设的设计构想是实现共赢，但并非没有风险。恰恰是因为存在风险，才更需要共商、共建、共享。我们应客观认识风险，不夸大也不小视，注重推动风险向机遇转化。

推进“一带一路”建设应处理好三个关系。一是处理好政府与市场的关系。这是中国经济发展的宝贵经验，也适用于“一带一路”建设。由政府推动、以企业为主体、坚持市场化运作、遵循国际标准，是“一带一路”建设的科学方法。这一方法既遵循客观经济规律，也有利于打消国际社会疑虑，能够更好地与其他国际合作架构、发展规划对接。二是在建设初期应注重处理好取与予的关系。“一带一路”沿线国家多为发展中国家，现阶段需要更多投入，投资回报期可能较长，多予少取是“一带一路”建设初期应有的姿态。“一带一路”建设是百年工程，合作共赢的思维将贯穿始终，它的推进与我国的外交工作将互相促进。只有坚持正确的义利观，坚持利我与利他结合、双边与多边结合、取与予结合，才能不断延伸国内市场，建设欧亚非大市场。三是尊重不同国家的政治体制，处理好与当地政府及社会组织、公众的关系。“一带一路”沿线国家政治体制不一。中国企业走出去，既应重视与对方政府打交道，也应重视与社会各层面多沟通，与当地非政府组织打好交道。走出去的企业、团体应严格遵照丝路精神，使“一带一路”建设更加接地气，让“中国制造”“中国建造”“中国服务”等进入沿线各国寻常百姓家，向本土化的方向发展。

（作者：王义桅）

（来源：人民日报）

“一带一路”有望构建新的全球经济大循环

当前，“一带一路”正在由战略构想步入全面实施阶段。“一带一路”有望构建新的全球经济大循环。

第一，“一带一路”将形成全球第三大贸易轴心。“一带一路”地区覆盖总人口约46亿（超过世界人口60%），GDP总量达20万亿美元（约全球1/3）。区域国家经济增长对跨境贸易的依赖程度较高，2000年各国平均外贸依存度为32.6%；2010年提高到33.9%；2012年达到34.5%，远高于同期24.3%的全球平均水平。

根据世界银行数据计算，1990年—2013年，全球贸易、跨境直接投资年均增长速度为7.8%和9.7%，而“一带一路”相关65个国家同期的年均增长速度分别达到13.1%和16.5%；尤其是国际金融危机后的2010年—2013年期间，“一带一路”对外贸易、外资净流入年均增长速度分别达到13.9%和6.2%，比全球平均水平高出4.6个百分点和3.4个百分点。2015年，我国同“一带一路”沿线国家进出口贸易总额近1万亿美元，我国在沿线65个国家中的49个国家有投资，共计150亿美元，同比增长18%。“一带一路”正在形成除大西洋[0.98%资金研报](600558，股吧)贸易轴心和太平洋[3.85%资金研报](601099，股吧)贸易轴心之外，新的以亚欧为核心的全球第三大贸易轴心。预计未来十年，“一带一路”出口规模占比有望提升至1/3左右，沿线国家成为中国的主要贸易和投资伙伴。

第二，“一带一路”将构筑新的雁阵模式。雁阵模式的核心是产业转移。从20世纪60年代到80年代，从日本到“亚洲四小龙”再到东盟其他国家，东亚国家和地区通过产业的依次梯度转移，大力发展外向型经济，实现了整个地区的经济腾飞，形成“雁阵模式”。20世纪80年代，亚洲形成以日本为核心的雁阵模式，其中日本以其先进的工业结构占据了雁阵分工体系的顶层，新兴工业化经济体处于第二梯度，我国及东盟诸国为第三梯度。三个梯度分别以技术密集与高附加值产业、资本技术密集产业、劳动密集型产业为特征。

随着我国产业结构升级以及日本经济持续衰退，过去以日本为雁首的亚洲产业分工和产业转移模式逐渐被打破。根据劳动力成本和各国的自然资源禀赋相对比较优势，未来5年，我国劳动力密集型行业和资本密集型行业有望依次转移到“一带一路”周边及沿线国家，带动沿线国家产业升级和工业化水平提升，构筑以我国为雁首的新雁阵模式，充分挖掘“一带一路”区域国家经济互补性，建立和健全供应链、产业链和价值链，促进泛亚和亚欧经济一体化。

然而，加强“一带一路”区域贸易投资合作还须克服诸多难题。

首先，区域整体发展水平和市场规模较低。57个主要国家的统计计算结果显示，2013年人均GDP水平低于1万美元（世界平均水平是10500美元）的国家有35个。这些国家的人口总数达到39.5亿人，占全球的55.33%，但GDP仅占全球的20%；人均GDP为3862美元，仅相当于这一区域平均水平的76.5%和全球平均水平的35.7%。

其次，高水平经济一体化建设明显滞后。虽然丝路地区人口众多、距离相近，具有深化彼此之间经济关系的有利条件，但由于经济发展水平差异巨大、地缘政治复杂等原因，缺乏以本地区成员为主、具有广泛代表性的多边自贸安排和有效合作机制，制约了区域内合作的深度和广度。

再次，区域内贸易占比相对较低。和欧盟、NAFTA以及东盟等在区域一体化方面取得实质性进展的地区相比，“一带一路”相关国家面向区域内国家的出口和进口在全部对外贸易中的比重比较低。过度依赖于外部市场，受到区域外经济波动冲击的风险较大，同时有可能加剧区域内经济体之间的恶性竞争，压低区域整体的贸易收益水平。

最后，贸易往来存在较多壁垒和障碍。当前，“一带一路”区域国家经贸合作还处于初级阶段。如新欧亚大铁路途经多个国家，轨距不同，换轨操作费时耗力，各国口岸合作机制尚未形成，通行便利化程度不够，物流成本偏高，一些国家的港口设施落后，增加了商品和服务流通的困难。

因此，立足于当前现状，“一带一路”以推动实现区域内政策沟通、道路联通、贸易畅通、货币流通、民心相通为重点，促进开放型经济新体制的建立，包括基础设施互联互通、能源资源合作、园区和产业投资合作、贸易及成套设备出口等领域，将依托沿线基础设施的互通互联，对沿线贸易和生产要素进行优化配置。形成以“周边为基础加快实施自由贸易区战略”和“面向全球的高标准自贸区网络”是未来大势所趋。

目前，我国已签署自贸协定13个，涉及21个国家和地区。分别是中国与东盟、新西兰、新加坡、巴基斯坦、智利、秘鲁、哥斯达黎加、冰岛、瑞士和韩国的自贸协定，内地与香港、澳门的更紧密经贸关系安排（CEPA），以及大陆与台湾的海峡两岸经济合作框架协议（ECFA）。

正在谈判的自贸协定8个，涉及23个国家，分别是中国与海湾合作委员会（GCC）、澳大利亚、斯里兰卡和挪威的自贸协定，以及中日韩自贸协定、《区域全面经济合作伙伴关系》（RCEP）协定和中国—东盟自贸协定（“10+1”）升级谈判、中国—巴基斯坦自贸协定第二阶段谈判。未来将逐步形成立足周边、辐射“一带一路”区域、面向全球的高标准自贸区网络，并最终建成“一带一路”自由贸易区（FTA）。

（作者：张茉楠）

（来源：人民政协报）

“一带一路”比苏伊士运河还好吗？

“‘一带一路’比苏伊士运河还好吗？”当笔者在第四十七届开罗书展阿文版《一带一路：机遇与挑战》首发式做完“埃及的‘一带一路’机遇”报告后，有埃及朋友这样发问。

苏伊士运河的改造，是近年来埃及发展的大事。4/5国土在非洲、1/5国土在亚洲的埃及，凭借苏伊士运河的天然优势，成为亚非大陆连接桥梁。运河改造之后，这样的地位进一步巩固，物流成本进一步降低。实现欧亚非互联互通，最显见的红利就是降低物流成本，提升亚非国家的比较竞争力。

如果成功与“一带一路”对接，苏伊士运河则能收获“一带一路”带来的更多红利。中阿将在中东地区加强能源基础设施互联互通合作，共同维护输油、输气管道等运输通道安全，推进跨境电力与输电通道建设。特别是苏伊士运河改造完成后，中埃苏伊士运河开发区的产业具备后发优势，有利于扭转国际不合理分工体系对埃及的束缚。

作为中东重镇，引领中阿“一带一路”合作，正是埃及“弯道超车”的机遇。中国提出的中阿共建“一带一路”、构建以能源合作为主轴，以基础设施建设和贸易投资便利化为两翼，以核能、航天卫星、新能源三大高新领域为突破口的“1+2+3”合作格局、加强产能合作等倡议，尤其得到作为阿拉伯世界领袖的埃及的热烈响应。华为已成埃及的第三大电讯企业，中埃共建信息港，将带动埃及在5G时代“弯道超车”。

随着世界经济格局的调整和经济全球化的发展，中国正在努力实现制造业的转型，埃及也不会一直满足于只作欧亚非互联互通的过道。应该看到，在新一轮全球化布局中，发展中国家也在积极参与国际贸易规则的完善。合作共赢，能给埃及的跨越式发展带来希望。

更深远地说，对接“一带一路”，也是文明复兴的机遇。建设“一带一路”的一个重要目标，就是让合作成果更多惠及沿线人民，实现共同发展与繁荣，在开创人类新文明的过程中实现自身文明的伟大复兴。

2015年底，第六届世界中国学论坛上，一位埃及学者感慨：“多少年来，西方国家在中东地区输出军火与动荡，是为了攫取石油；只有中国带来经济发展合作倡议，我们求之不得！”

“一带一路”包含着实实在在的合作项目，也蕴含着超越既有交往方式的合作哲学。对于机遇的“求之不得”，不仅仅是埃及，而且是发展中国家希望搭中国发展快车、便车的共同写照。也要看到，发展中国家所需要的不仅是经济合作，也是更大意义上的文明互鉴。中国工业化鲜活的经验，比早期欧美工业化经验借鉴意义更大；中国后发赶超的发展模式，也更适合埃及等发展中国家自主探索符合本国国情的发展道路。

沿着“一带一路”走出去，最重要的是要听得懂对方的需要和关切，还要用对方最容易理解的方式阐述合作的设想，让人站在苏伊士运河边，就能感受“一带一路”的魅力。只有这样，告别“强者更强、弱者更弱”才不是空话，激活“和平合作、开放包容、互学互鉴、互利共赢”的“丝路精神”才能够获得坚实的现实依托。

（作者：王义桅）

（来源：人民日报）

多国媒体联盟聚焦“一带一路”

“两千年来，古老的丝绸之路和海上丝绸之路将亚欧非大陆的人们连接在一起，促进了沿线各国物质文明和精神文明的共同繁荣。‘丝绸之路经济带’和‘21世纪海上丝绸之路’重大倡议的提出，延续了和平发展、合作共赢的丝路精神，又赋予了古丝绸之路新的内涵。我们愿意携起手来共同组建‘一带一路’媒体传播联盟，合作、传播、共享新机遇……”

4月18日，在北京国际电影节上，由国务院新闻办公室发起，五洲传播中心主办的“一带一路”媒体传播联盟正式启动。探索亚太电视网制作及开发副总裁魏克然，用英语宣读《“一带一路”媒体传播联盟倡议书》，来自美国国家地理频道、新加坡亚洲新闻台、蒙古国国家公共电视台等17家媒体机构的代表，纷纷在深蓝色的背板上签下自己的名字。来自保加利亚、塞尔维亚、马其顿、希腊、阿塞拜疆、柬埔寨等十几个国家的驻华使领馆官员，见证了联盟倡议书的签署。

中宣部副部长、国务院新闻办副主任崔玉英在致辞中表示，“一带一路”媒体传播联盟，应秉承“共商、共建、共享”的原则，打造更多的影视精品力作，做“丝路故事”的讲述者；共同构建跨国播出网络，做“丝路文化”的传播者；共同促进交流与沟通，做“丝路精神”的弘扬者。

沿线各国媒体非常有兴趣参与

“习近平总书记关于‘一带一路’的倡议发出后，我们看到经济、商业层面的合作风生水起，但相比之下，文化方面的合作相对慢热。五洲传播中心是以推广中国文化、开展国际交流为己任的媒体机构，应该在

'一带一路'的文化交流中承担自己的责任。"五洲传播中心副主任井水清说。

他介绍，"一带一路"沿线有60多个国家，五洲传播中心发出建立"一带一路"媒体传播联盟这个倡议，与沿线国家沟通的时候，得到了积极的回应，各国媒体非常有兴趣参与。五洲传播中心通过20多年来的国际合作，在这个领域已经跟30多个国家的70多个机构建立起了联系，其中有一些媒体是丝路沿线国家的，在还没有建立合作关系的国家和区域，尤其是一些小国，参与联盟的意愿更强烈，比如马尔代夫。

蒙古国国家公共广播电视台新闻频道总监策仁道·孟和图日说，没有丝绸之路的蒙古历史是不可想象的。蒙古国家电视台将尽全力支持并配合该倡议，围绕蒙古及其在丝绸之路上的历史地位，制作新闻、纪录片和电影，开展文化交流。

中国突尼斯合作协会主席、突尼斯前驻华大使巴斯里·默哈默德·萨哈比说，公元前8世纪的时候，迦太基王国就已经与中国有贸易往来。"我们希望能够传承先人的美好传统，突尼斯将会给予'一带一路'媒体传播联盟最大的支持。"

建立这一联盟的倡议，更得到国内一些媒体机构的积极响应。陕西广电卫星传媒有限公司副总经理丰子恒说，从2014年开始，陕西媒体就打响了"丝路"名号，"丝绸之路万里行"全媒体活动现在已经进行到了第三季，也是目前电视以大众喜闻乐见的节目形态传播重大国家战略的范例，受到国家新闻出版广电总局的表彰。陕西卫视愿作"一带一路"媒体传播联盟的首发军。

打造"丝路电视"跨国联播网

井水清介绍，"一带一路"媒体传播联盟将以"丝路电视跨国联播网"为操作实体，这将是丝路沿线国家自有的电视传播品牌。联盟成员单位将在自己的电视频道上，开辟统一的"丝路电视"窗口栏目，成组播出"丝路电视"节目，并加"B&R TV"统一台标，每周播出两小时内容，以固定的频道、固定的时间段，统一的节目内容、品牌标识，在不同国家以当地语言播出。2017年1月1日，“丝路电视跨国联播网”将正式启动。截至目前，阿拉伯发现频道、吉尔吉斯德隆电视台等11家播出机构已经加入。

据悉，“一带一路”媒体传播联盟将采取准入制度。井水清说，联盟在海内外挑选合作伙伴有以下标准：第一，必须是“一带一路”沿线国家；第二，在本土是落地的；第三，鉴于五洲传播中心的业务专长是视频、电视片、纪录片、专题片等，所以，目前以电视媒体为主。

“一带一路”媒体传播联盟还将建设“丝路题材影视节目选题库”以及“国际影视传播人才库”。国家新闻出版广电总局研修学院院长吕松山介绍，去年，根据“一带一路”战略的具体要求和我国广播影视对外交流的需要，他们面向丝路国家媒体主管部门和主流媒体机构中高层管理人员，举办了多个培训班。此次，他们与五洲传播中心联合启动了“一带一路”专题影视人才培训计划。目前，该计划下的“金牌国际影视制片人养成”系列课程已经进入招生筹备阶段，计划5月中旬正式开班。

担负起应有的责任和使命

井水清表示，“丝路电视跨国联播网”建立之初，平台上的内容仍要以五洲传播中心提供的为主。眼下，他们正携手北京锐智盛扬文化传播有限公司，拍摄航拍大片《鸟瞰丝路》。该片将以“一带一路”战略规划为依据，以国内相关省区市以及国外沿线国家地区为拍摄区域，以航拍配合地面深度探访，沿“一带一路”四大方向和路线向外行进，全方位透视共建“一带一路”开放区域的合作精神和美好愿景。该片计划制作12集，每集50分钟。五洲传播中心也在联合良友文化、优酷土豆集团，一起制作全媒体日播节目《纪录时间之丝路新发现》，覆盖中国国内6个上星卫视和24个地面频道。

“志合者，不以山海为远。”井水清说：“让世界上更多的人理解、认同、认知、尊重中国，是我们中国媒体人的使命，而且我们已经具备了这种力量、能力。但是我们国有媒体机构要特别注意我们的话语方式。这次我们不是从中国的角度和观点出发去解读丝路，不是只让中国文化‘走出去’，而是倡导寻找丝路国家共同的文化观、价值观、审美观和兴趣点。丝路给了五洲传播中心一个特别大的舞台，我们有新的希望，也有无限空间去实现重生。这也是我的‘中国梦’。”

（作者：苗春）

（来源：人民日报海外版）

借“一带一路”东风激活新兴市场

“一带一路”倡议提出以来，得到越来越多国家的关注和响应。目前，已经有30多个国家与中国签署了共建“一带一路”合作备忘录，一批区域内合作项目开始启动和实施，表现出良好势头。沿线国家共同参与“一带一路”建设，将进一步激发新兴市场活力，给区域内新兴经济体发展提供难得的历史性机遇。

按照目前国际上的基本分类方法，“一带一路”沿线65个国家中有12个国家属于新兴经济体，包括中国、印度、俄罗斯、印度尼西亚、土耳其、波兰、泰国、马来西亚、埃及、菲律宾、巴基斯坦、匈牙利。这些新兴经济体数量虽然不多，但其GDP和人口均占65个国家GDP总量和人口总量的80%左右，其发展与“一带一路”建设密切相关。

目前，在新兴经济体中，除了中国、印度等少数国家仍保持比较高的经济增速，其他国家的经济增长普遍出现下滑态势。扭转这一态势，既需要这些经济体采取务实有效的办法进行内部结构改革，也需要借助国际上的有利条件。当前，“一带一路”建设正值实施阶段，将有力助推沿线国家包括新兴经济体的发展，新兴经济体的发展也迫切需要借助“一带一路”建设的东风。

首先，“一带一路”沿线国家将自身发展战略与“一带一路”建设有效对接，尤其是铁路等基础设施建设项目的对接，有助于刺激本国投资增长。其次，区域内新兴和发展中经济体具有各自独特的资源比较优势，但许多国家的制造能力比较差。“一带一路”框架下的产能合作，有助于促进这些国家工业化和制造业发展。第三，通过推进“一带一路”建设，逐步构建起沿线各国大通关的合作机制和国际物流大通道，将促进贸易便利化，带动产业和经济发展。第四，“一带一路”沿线贸易、旅游的深度合作发展，加上中国积极推动银行卡清算机构开展跨境清算业务、推动支付机构开展跨境支付业务，有利于发掘区域性消费市场潜力，促进区域消费市场回暖。第五，随着人民币加入特别提款权（SDR）货币篮子，人民币国际化进程向前推进，“一带一路”沿线国家将更多地使用人民币。这有利于规避美元波动所带来的区域金融市场动荡，同时有助于推进相关国际金融合作，逐步构建起跨区域的金融体系。第六，亚洲基础设施投资银行的成立、丝路基金的设立以及中国—欧亚经济合作基金投资功能的强化等，可以为推进“一带一路”建设和区域内新兴经济体发展提供资金保障。

“一带一路”沿线国家本着共商共建共享的原则合力推进“一带一路”建设，将使区域内新兴和发展中经济体的经济发展迎来光明前景；沿线新兴和发展中经济体的经济发展，又将进一步促进“一带一路”建设。

（作者：胡必亮）

（来源：人民日报）

找准“一带一路”建设优先领域

后国际金融危机时期，各国都在积极探寻经济复苏之路。“一带一路”倡议的提出，为相关经济体通过合作共建加快发展绘就了新愿景，为全球经济注入了新动力。作为中国向世界提供的一个公共品，“一带一路”倡议得到了国际社会热烈响应，沿线经济体更是积极参与。扎实推进“一带一路”建设，既要在顶层设计上继续下功夫，与沿线各国各地区充分协商，设计好总体架构与治理体系，又要找准优先领域，率先推进，力争尽快取得早期收获。

回顾历史，很多区域合作倡议由于缺乏早期收获，导致昙花一现、无疾而终。作为一个覆盖60多个国家和地区、目标宏大、内容丰富的区域合作倡议，“一带一路”建设需要几代人持续努力推进。美好的愿景在远处召唤，而在近处迫切需要实实在在的早期收获来坚定各方信心、激励各方参与，为深入开展区域合作赢得更多时间和更大支持。

在推进“一带一路”建设的起步阶段，早期收获不必求多，而要注重实效与影响力。早期收获既应有利于沿线经济体的发展，为其参与共建共享增添动力；又应具有较大的国际影响，以取得示范效应。只有选准优先领域，才能以最低投入和最短时间取得最大的早期收获，进而实现合作发展事业事半功倍、顺利推进。

基础设施建设与互联互通是“一带一路”建设的一个优先领域。大部分“一带一路”沿线国家和地区是发展中经济体，发展潜力巨大，但普遍受制于基础设施不足。基础设施建设与互联互通容易取得共识、实现共赢。对东道国而言，正如中国经验所揭示的“要想富，先修路”，建设基础设施是释放发展潜力的前提。大部分沿线经济体把基础设施建设作为发展的优先领域，支持这一领域的国际合作。对中国企业而言，基础设施建设有利于发挥我们的优势。中国企业在基础设施的总包、设计、施工、设备、管理运营以及融资等各个环节均具备较强的国际竞争力。而且，基础设施建设与互联互通还将带动中国具有较高性价比的相关装备出口。电力、交通运输、电信等设备大多是资本和技术密集型产品，这类设备出口将进一步优化中国出口结构。对国际社会而言，基础设施项目往往规模大、效益明显，具有很强的国际影响与示范效应，能够坚定沿线经济体参与“一带一路”建设的信心。基础设施建设与互联互通项目建成后，还能为沿线经济体开展经贸合作奠定坚实基础。

国际产能合作是推进“一带一路”建设的又一个优先领域。国际产能合作内容丰富、形式多样，目前应将境外产业园区建设作为首选。对于中国而言，随着比较优势的深刻变化，劳动密集型产业的国际竞争力趋于削弱，这类产业的转型升级与异地转移是大势所趋。除了在国内推动从沿海向内地的梯度转移，还应重视劳动密集型产业的境外转移。在推动境外转移过程中应讲求方式方法，注意防范各类风险。这类产业领域中的企业通常规模不大，中小企业居多，走出去的经验与人才储备不足，各自分散走出去很可能遭遇多种风险，还可能出现与东道国产业的矛盾。对于很多“一带一路”沿线国家而言，劳动力资源丰富，承接面向出口的劳动密集型产业不仅能够创造就业岗位，而且可以增强出口创汇能力，加快工业化进程。因此，通过加强政府间协商，在“一带一路”框架下建设境外产业园区，让中国中小企业“抱团出海”，可以有效规避或降低走出去的风险。同时，与企业分散走出去相比，合作建设产业园区往往可以成为双边合作的旗舰项目，具有良好的示范效应。

（作者：隆国强）

（来源：人民日报）

把握地方推进“一带一路”建设的着力点

“一带一路”建设不仅引起强烈国际反响，而且得到国内各地的积极响应。在各级政府主导下，“一带一路”建设很快成为国内相关地区聚合各类资源、提升区位优势的现实推动力。

在推进“一带一路”建设的热潮中，因所处的发展阶段不同，对于“一带一路”建设所蕴含的区域发展机遇，中西部地区和东部省市的判断与把握自然会有差别，但各地政府都对“一带一路”建设将释放的“发展红利”有较高期待。党的十八届三中全会以来，中央一再强调要使市场在资源配置中起决定性作用和更好发挥政府作用，但一些地方政府将“一带一路”视为新的“政策洼地”，甚至把“一带一路”建设当作跑马圈地的新渠道和传统招商引资的新招牌。一些地方的“一带一路”规划未经科学论证就匆忙出台，甚至炒作概念，犯“规划折腾”之忌；少数地方热衷于在所谓“一带一路”的“起点站”“桥头堡”上造声势、做文章，缺乏实实在在的发展举措。

“一带一路”建设中出现的偏差，实际上是“增量改革”思维仍在延续的结果。过去30多年，我国市场取向改革采取的是渐进式增量改革模式。这种改革模式符合改革开放的初始条件，成本较低，对经济社会稳定的影响和冲击较小，但“增量改革”先易后难的路径也决定了旧体制中的沉疴痼疾长期存在。党的十八届三中全会做出全面深化改革的决定，正是要打响解决体制机制深层次矛盾的攻坚战。然而，由于存在路径依赖，一些地方政府尚未转变思维定式。在“一带一路”建设中，他们不愿涉改革深水、啃掉要素跨区域配置这类“硬骨头”，而是倾向于为经营自己的“一亩三分地”向中央要政策、要资金、要优惠，执着于避重就轻的“制度套利”。

应当看到，“一带一路”建设作为我国新一轮对外开放的重大举措，其支撑体系设计和政策工具选用与改革开放初期相比已经有了很大差别，传统的土地、税收、要素价格等方面的优惠措施以及各种形式的选择性补贴，其运用空间受到越来越多的限制。如何统筹新阶段对外开放的重大举措与全面深化改革的目标任务，对推进“一带一路”建设来说，既是重点，也是难点。实际上，从区域层面看，“一带一路”建设的关键是如何“通”。规划通、信息通、资金通、物流通、人员通，惟这“五通”方可使“一带一路”建设以开放促改革、促发展的效应落到实处。为此，必须谨防“一带一路”建设中国家利益地方化倾向，对“一带一路”建设的推进方式给出“负面清单”式的清晰导向，引导地方政府形成更为理性的政策预期。地方政府参与“一带一路”建设，应摆脱路径依赖，立足政府职能转变和制度创新，把对接“一带一路”建设的重点放在营造环境、提供服务、培育需求上，加快突破阻碍“五通”的体制机制束缚，不断推进要素流动便利化。

需要强调的是，推进“一带一路”建设绝不能忽视市场的作用。无论在国际还是国内层面，也无论基础设施建设还是产业梯度转移，只有以市场机制配置资源，才能使陆海两条古老的丝绸之路焕发出新的生机活力，以新的形式把中国同亚欧国家的互利合作不断推向新的高度。因此，在自上而下落实顶层设计的同时，应下大力气培育自下而上的机制，充分激发民间投资主体参与“一带一路”建设的主动性和创造性，夯实新时代地缘战略合作的民间基础，从而使共商共建的“一带一路”更具弹性、更加开放，促使“一带一路”真正成为构建平衡、多元、协同区域发展新格局的战略载体。

（作者：杨丹辉）

（来源：人民日报）

“一带一路”对人才培养的新要求

如何面向“一带一路”战略需求，打造适应并能提升“一带一路”进程的高素质创造性人才，是我们必须深入思考的一个问题。

《中共中央关于制定国民经济和社会发展第十三个五年规划的建议》提出：“要推进‘一带一路’建设，广泛开展教育、科技、文化、旅游、卫生、环保等领域合作，造福当地民众。”在新的历史条件下要完成“一带一路”的战略使命，教育是基础，人才是关键。如何面向“一带一路”战略需求，不断提升我国大学的国际化办学水平，坚定不移地推进教育开放，打造适应并能提升“一带一路”进程的高素质创造性人才，是我们必须深入思考的一个问题。

在现代社会发展中，大学是培养高素质人才的摇篮，是探知未知世界的前沿，是教育向经济社会转化的阵地，也是古今文化、中西文化相互交汇的桥梁。但要看到的是，这些功能不是抽象的，而是同当今世界经济社会发展的重大战略需求紧密联系的。能否将现实问题内化为大学跨学科、跨文化聚焦的问题，并有效地加以解决，这是社会对大学的希望所在，更是大学引领社会发展的动因所在，是大学不断走向开放的动因所在。

2015年在中国发布的《推动共建丝绸之路经济带和21世纪海上丝绸之路的愿景与行动》中提出，“共建‘一带一路’顺应世界多极化、经济全球化、文化多样化、社会信息化的潮流”，强调共建“一带一路”符合国际社会的根本利益，彰显人类社会共同理想和美好追求，是国际合作以及全球治理新模式的积极探索，将为世界和平发展增添新的正能量。

目前，共建“一带一路”的重点任务是政策沟通、设施联通、贸易畅通、资金融通、民心相通。面对这一战略重点任务，对于大学而言，需要组织各种资源，发挥大学学术学科的整体优势，在以下几个方面有新突破。

一是重视“一带一路”跨文化的研究和人才培养。“一带一路”沿线国家的历史传统、风俗习惯、语言文字、宗教信仰等不尽相同。对此，就需要我们发挥学校人文历史语言的优势，重点研究“一带一路”可能带来的文化冲突，加快培养熟悉“一带一路”国家文化历史的人才，要特别注重培养一些小语种的语言人才。当然我们在这方面的研究和人才培养的宗旨，还是要加强民心相通，加强中国梦与世界梦的相通，知己知彼，进而让更多的人了解中国的文化价值。

二是要重视“一带一路”的政治法律的研究和人才培养。“一带一路”是一项普惠中国与世界的重大福祉，但我们也要看到，由于“一带一路”沿线国家的政治制度不尽相同，法律法规也有很大的差异，而要做好“一带一路”的前提就需要政治互信。因此，我们大学急需进一步围绕“一带一路”可能出现的政治法律风险，深入加以研究，开设专门的“一带一路”的政治法律课程，培养这方面的专门人才。

三是要重视“一带一路”的国际贸易和金融研究及人才培养。“一带一路”所提出的贸易畅通和资金融通，都需要大学在学科布局和人才培养创新方面有新进展。如何面对世界经济一体化的态势，如何结合“一带一路”的新实践，深入研究金融创新、自贸区建立、通关便利化等，都需要我们的大学进一步组织好队伍，凝炼好方向，在这方面培养出更多有扎实功底、实战经验和创新能力的人才。

四是要重视“一带一路”基础设施建设方面的研究和人才培养。“一带一路”战略的提出，特别是亚洲基础设施投资银行的成立，正是面对了亚洲和世界最为紧缺的问题，这是对振兴世界经济的准确把脉。如何将这笔庞大的资金化为相通世界的经得起历史和各国人民检验的质量工程、民心工程，还需要我们加大力度进行研究。因为基础建设工程涉及交通、能源、新材料、生态、财会、法律等方方面面，且又不是各项任务的简单相加，这就需要大学组织跨学科的联合攻关，设置相应课题，尽快开设相关的专题课，并形成科研、教学、实践的体系，统筹协调，联动创新，高水平地完成相关任务。

从根本上来说，“一带一路”给大学的综合改革带来了新的机遇和要求。从历史上看，任何一次大学的变革发展，都是与时代所提出的新课题有着密切的关系。当下的“一带一路”已经在深刻地改变着世界和中国发展格局，围绕着这一发展格局，进行整体的学科学术、人才培养和内部管理的整合和改革，是目前高校进行综合改革所必须要回应的重大问题。

（作者：夏文斌）

（来源：中国教育报）

呼应“一带一路”，中东“向东看”

从传统的互补模式过渡到各要素嵌入融合，中国与中东国家的经贸伙伴关系正拾级而升。

“我们全家都很喜欢中国商品，听说迪拜龙城二期开业，就专门带表兄一家来看看，既是商务考察，也算周末购物度假，”阿曼商人法鲁克边挑选电动平衡车边对记者说。

迪拜龙城2004年开业，目前有中国商铺约3500家。作为中国在海外最大的商品集散贸易中心，龙城见证了蓬勃发展的中国与中东各国贸易往来。试营业的龙城二期购物环境舒适，远期扩建预计2018年完工，届时可容纳商铺约8000家，酒店、公寓、影院、大型超市、展览中心等设施一应俱全，龙城卫星城将闪耀迪拜沙漠腹地。

迪拜龙城正成为中东国家“向东看”的缩影，从沙特阿拉伯、巴林等海湾阿拉伯国家到北非的埃及，从横跨欧亚的土耳其到伊朗，中东国家对发展与中国的经贸伙伴关系兴趣浓厚；而中国的“一带一路”倡议也为深化合作搭建了新平台。从传统的互补模式过渡到各要素嵌入融合，中国与中东国家的经贸伙伴关系正拾级而升。

传统上，中国和中东地区经贸互补性较强，沙特等国油气资源丰富，供需两端中东地区与中国建立起稳定的能源合作关系。除能源战略合作关系外，货物贸易、工程承包等也是经贸合作中的亮点。

从现实看，“一带一路”倡议的提出正值中东各国与中国推动经济转型之际，这为双方合作开辟了新的前景。中东地区位于“一带一路”交汇地带，相关国家参与其中有助于中国和区域内国家各要素的流动与优化配置，在资源、资金、人力、技术和市场等方面对接并形成聚合效应，成为参与方增长的新引擎。与“一带一路”相呼应，中东多国成为亚投行创始成员国。

当前，低油价令中东能源大国加快经济转型步伐，以摆脱对石油贸易的过度依赖。以沙特为例，因油价大跌该国去年的财政赤字高达980亿美元，政府动用800多亿美元外汇储备并发行200亿美元债券加以应对。2016年，沙特将开始实施新的“五年计划”力促经济多元化。分析人士表示，拥有制造业优势的中国和拥有能源、投融资领域优势的沙特，在“一带一路”框架下进行合作，将有助于推动双方经济转型升级。

埃及正筹划以高技术产业为主导的“苏伊士运河走廊经济带”，中国与埃及等中东国家在高科技产业领域的合作前景广阔。从整体看，阿拉伯国家已成为中国第七大贸易伙伴，中国则为阿拉伯世界第二大贸易伙伴。未来10年，中阿双边贸易额有望达到6000亿美元。

对伊朗而言，伊核问题的破冰既为中东地区的紧张态势“降温”，更为伊朗重启对外经贸合作铺平了道路。可以预见的是，中伊双方在高铁、航空、通信、电力、工程机械、产业科技园区等领域的合作潜力巨大，两国发展战略的对接将为中东地区“谋发展”注入正能量。

回望百年，动荡与纷争给中东留下了深刻烙印。新世纪，中东各国正努力探寻新方向。在追求和平与繁荣的道路上，中国是中东各国可靠的合作伙伴。

（作者：李震）

（来源：新华每日电讯）

第三章

“分享经济”时代的到来

分享经济渐入发展快车道

核心阅读

近年来，分享经济正在全球各地悄然兴起。瑞士信贷集团认为，全球分享经济产生的利润，将从2013年的150亿美元上升至2025年的3350亿美元。作为一种经济模式，分享经济主张通过对社会存量资源的调整来实现产品和服务的最大程度利用，这对不断通过新的投入刺激经济增长的传统做法带来了新的思路。有分析认为，分享经济将逐步进入发展快车道。不过，对于分享经济的健康发展，仍需不断完善监督、管理机制。

随着移动网络通信技术的加速发展，人们参与分享经济将变得更加便捷

记者在布鲁塞尔市中心的一栋公寓里见到艾莉娜时，她正忙着打扫房间，更换房间里的床单被套。艾莉娜的正式工作是一家咨询公司的前台。出租公寓的收入只是艾莉娜赚的外快。“这间公寓是我父母的，我有空时就会过来帮忙打理……”由于父母住在布鲁塞尔郊区，艾莉娜便将这套闲置公寓在空中食宿（Airbnb）上出租。通过这家在线租房网站，艾莉娜平均每月能多获得四五百欧元的收入。

空中食宿是一个让大众出租民宿的网站。网站使用者可以注册发布房源，搜索房屋出租信息并预订房屋。空中食宿是一个在线沟通平台，有闲置房屋的房东和房客通过这个平台相互洽谈，这也成为分享经济的典型案例。

在欧洲，以空中食宿为代表的分享经济正在迅速发展。据荷兰国际集团公布的一项研究结果显示，类似空中食宿和汽车分享平台BlaBlaCar等率先发展的分享经济模式正吸引大量欧洲顾客，2016年，欧洲参与分享经济的客户人数预计超过1.5亿。分享经济参与度最高的为土耳其，其次为西班牙和英国。“欧洲正引领着分享经济的发展潮流，尽管如此，分享经济依然存在巨大发展空间。”荷兰国际集团高级经济师伊恩·布莱特说。

瑞士信贷集团认为共享经济有三种商业模式：其一是个人销售或出租自有物品和服务；其二是交换虚拟服务的协同网站；其三是交换更加实际的资产。

目前，在欧洲范围内，汽车分享依然是最为流行的分享方式，但假日房屋分享正在呈现超过汽车分享的趋势。“在受访者中，有过汽车分享经历的比例为9%，但有超过2/5的受访者表示愿意在未来1年里，自己外出度假时将会考虑选择房屋分享的方式来住宿。”布莱特说。对于消费者选择分享经济的原因，研究结果显示，“省钱”和“环保”是主要原因。“随着移动网络通信技术的加速发展，人们参与分享经济将变得更加便捷，这有利于培养人们增强降低能源消耗，资源循环利用的意识。”

提供更加可持续的、也可能是更加平等的消费模式，减轻了环境的压力

市场调研公司尼尔森2014年对全球60个国家的3万多名网友进行了调查，显示全球68%的受访者愿意分享个人物品和服务获利，这一比例在亚太地区最高，78%的受访者愿意分享个人物品和服务，而81%的受访者愿意租借他人物品和服务。在东南亚地区，超过87%的印度尼西亚消费者愿意尝试共享物品和服务，排在其后的国家有菲律宾、泰国、越南、马来西亚和新加坡。

自2013年开始，印尼见证了许多本土分享经济企业的诞生。在由优步和空中食宿等国际巨头引领的新经济模式潮流中，许多印尼本土企业家挖掘了适应本国实际需求的商机，例如Go—Jek提供了让人们共享摩托车的平台。

新加坡科技设计大学分享经济研究组织成员、美国明尼苏达大学教授赛义夫·本贾法尔在接受记者采访时表示，分享经济在新兴经济体有着巨大的发展潜力，它能够让更多人享受资源，又绕过了传统的资源专属所有权模式。分享经济提供了一种更加可持续的、也可能是更加平等的消费模式，减轻了环境的压力。“在发达经济体，分享经济公司主要关注的对象是终端消费者。而在新兴经济体，更大的机遇存在于工业方面。”本贾法尔说。

从目前的发展情况来看，分享经济在发达国家更加欣欣向荣。本贾法尔认为，这主要是因为发达国家的网络普及率高、信用卡或其他电子支付方式十分便捷，以及使用者和提供者之间的信任度较高。“缺乏其中任何一个或多个条件，分享经济在新兴市场的发展都会受限。在此种情况下，新兴市场国家的政府可以发挥作用，通过投资必要的网络技术，建设金融和保险基础设施，以及出台保障使用者和提供者权益的条例，推动分享经济发展。”

监管的真空可能引发安全、保险、税收和消费者权益等多方面的担忧

尽管分享经济在欧洲得到较快发展，到现在为止，欧盟依然没有关于分享经济的正式官方态度。欧洲业界争论声不少，有支持者认为，与传统的商业服务相比，分享经济提供者能给顾客更多的选择、更高的质量和更低的价格。但反对者认为，分享经济的发展将影响市场公平竞争，此外，类似的分享行为也存在安全隐患。

空中食宿在欧洲的发展就存在争议，在一些国家或地区面临着不同的政策。例如，在德国柏林，政府通过了一项法律，公民必须经过注册后才能短期出租房屋。而在法国里昂、马赛等城市，管理则较为宽松，居民无需向政府部门备案申请。

据报道，欧盟已经决定于近期公布有关分享经济指导方针。新出台的指导方针将完善对经营分享经济公司的管理，支持其发展分享经济。

分享经济在全球包括新兴市场的发展也伴随着成长的阵痛。由于商家和顾客通过分享经济直接联系，监管的真空可能引发安全、保险、税收和消费者权益等多方面的担忧。在东南亚，新加坡政府和企业率先在这方面做出了有益尝试。2014年，该国6家分享经济企业成立了首家分享经济协会。该协会能够代表市场与政府交涉，从而让双方更好迎接这种新经济模式发展带来

的挑战。另外，为规范私家车的分享使用，新加坡政府实施了新的条规，允许私家车主为分享服务收费，但同时限制私家车一天内不能提供超过两次服务，且收费不能超出开销。

（作者：吴刚 俞懿春）

（来源：人民日报）

分享经济释放社会发展新动力

“十三五”规划建议提出，要“拓展网络经济空间。实施‘互联网+’行动计划，发展物联网技术和应用，发展分享经济，促进互联网和经济社会融合发展”。在网络强国战略大背景下，基于“互联网+”的分享经济模式将释放社会发展的新动力，并成为社会进步的新方向。

分享经济带来发展新思维

“分享经济”通常指利用互联网技术将闲置资源向附近的需求者提供及时服务的新型商业形式，分享平台对供需双方进行资源重新配置与组织管理，创设出新式的品牌与服务，并收取特定比例佣金。“分享经济”模式通过对使用权的重新安排使资源得到最大化的利用，又为市场需求者提供更优质的服务，实现了生产与消费的更好统一。从长远视角看，分享经济将对中国经济与社会发展产生十分重大的影响。

1.分享经济将改变产业模式。在传统产业模式中，供需双方经常由于信息不对称造成商品和服务在配置上的不均衡，这将导致资源浪费，从而阻断产销链条。而分享经济将会创设出新型的生产关系与消费模式，通过调整存量资源配置以实现商品及服务供需均衡，使得产品价值最大化。

2.分享经济将革新就业模式。传统劳动力市场中，劳动者是全职就业模式；而分享经济为具有创新意愿的劳动者提供全新的工作模式。在这种模式下，生产者和消费者是统一的；人们在自己本职工作之外，可以根据兴趣和能力所长自由选择任务与工作时间，创造额外的劳动收入。这种雇佣模式下，企业可以更加灵活管理与运营，个人的工作形式也可更加便捷。

3.分享经济将更新消费模式。分享经济带来消费模式从“一次性”到“再利用”的重大转变，给传统的消费模式带来巨大冲击。分享经济模式下，“占有”不再是最核心的价值尺度；“不求所有，但求所用”，消费者通过存量资源共享，将享用更加便利、舒适、快捷和实惠的产品。

分享经济使社会主义市场经济更有效率

分享经济在上述经济链条上给中国社会发展带来新思维，同时，它通过互联网相关技术将具有零散供需信息的市场主体连接，促进供需双方建立无须转让所有权的新型合约机制，从而形成一种新型的社会生产关系，最终促进社会主义市场经济效率的提升。

1.满足临时性的供给与需求。社会化生产与消费中，供需双方的供需意愿通常短暂且分散，分享经济通过互联网技术实时提供并匹配供需信息，降低市场交易成本，满足临时且分散的需求，避免浪费，如此可极大优化社会资源的配置。

2.满足临时性的雇佣与就业需求。比如在汽车共享领域，“专车”司机可根据自我的时间和意愿决定是否提供服务，而乘客也无须长期雇佣司机和车辆就能满足临时性的用车需求。这种汽车共享模式能够降低社会生产的总体成本，也可以增加社会整体福利，满足了劳动者额外就业的灵活性。

3.盘活闲置社会资源的能力。无论是房屋、汽车还是劳动者的时间等资源，经常处于闲置的状态，而通过对这些要素的投入生产和使用，能够大力优化社会资源的配置，减少浪费。

4.实现社会财富的再分配。分享经济具有临时性和分散性的供需特性，这决定每个个体既可是生产者又可是消费者，为社会劳动者提供更灵活的就业机会，增加其收入来源的多样性，又能以较为经济的方式满足消费需求，减少生活支出。

分享经济创新发展中国特色社会主义

分享经济的主要特征是通过对生产资料的所有权和使用权重新进行合约安排，在所有权不变的情况下，使生产资料的使用权为社会需求者共同占有，以按需分配为基础，以共同生产为纽带。这是一种新的所有权占有形式，在这种分享经济的形态下，每个生产者同时也是消费者，每个人都可以按照自己意愿与能力进行选择与才能发挥，从而实现人的自由发展。每个人都是分享网络上的节点，其主体地位平等并自由参与网络生活，通过闲置资源贡献与按需重新配置，极大丰富物质资料与精神资料的生产与供给，每个人都可以为别人的需求满足与发展创造条件，促进社会生活和谐共进，最终使得全体共享网络上的人员都成为全新个体。

分享经济作为互联网发展的高级阶段，将以信息公平促进中国社会的公平与正义，以信息共享促进中国社会的自由与开放，以高频与速度促进中国社会运行的效率提升，以永无止境的创新促进中国社会的不断进步。

分享经济将从四大新视角创新发展中国特色社会主义：

一是跨界创新。分享经济的发展需要不同行业间的跨界，代表产业形态的变革与开放特征。以跨界融合夯实创新的基础，改变传统资源型驱动增长形式为集约型创新驱动的生产方式，提高物质商品的生产能力。

二是结构重塑。中国特色社会主义的社会与经济结构、地缘政治与文化结构在信息与互联网技术、移动共享技术等冲击下，会面临颠覆式的革新与重塑，进一步提升市场在资源配置中的决定性作用，政治议事规则与国家治理机制也较过往有很大不同。

三是尊重人民。中国特色社会主义的出发点是以民为本，一切权力属于人民。而分享经济最强大的力量之源便是对于人性最大限度的尊重、对人民的敬畏以及对于人民创造性发挥的重视，这将极大推动社会进步与文化繁荣。

四是开放与连接。分享经济促进开放生态系统的建立，消除信息孤岛与封闭式群体结构，最终以开放促进社会公平正义的实现。同时，分享经济强调连接的价值，并以不同生态系统的有层次的连接进一步保证开放性特征。

分享经济将创造一种新的议事机制与新的动态协议，以促进中国社会的内在开放及激发内生活力，从而推动国家整体开放生态的塑造。同时，它所倡导的平等与效率，将激励社会放大人力资本，并产生进一步的交互与协同，也将促使中国的人力资本更公平参与生产资料的分配与价值实现，促进社会的公平与正义，而这本身就是“中国梦”的重要组成部分。

分享经济需要创新监管模式

分享经济的基础是产权制度，本质是建立在个人所有权之上的合约安排。产权制度需要法律来确立和维护，而合约安排更需要法律的设置与监督。

不同于以往的创业热潮，“分享经济”类公司不直接聘用员工，不用为其购买社保、提供劳动保护、支付退休金等。而更重要的是，当前的监管问题需要综合考虑国家政策、地方监管以及传统实体经济竞争对手和其他团体的反对等问题，如出租车行业在消费者权益保护、定价规则和税收等方面缺乏制度约束。因此，分享经济需要一套行之有效的监管模式，才能保障其健康有序发展。

此外，在“大众创业、万众创新”的国家政策之下，监管者应跳出现有法律规定所设定的框架，依照《行政许可法》所设定的回应型规制框架，努力在创新与潜在风险之间保持平衡。政府在简政放权、放管结合、优化服务的同时，应当结合当地实际，因地制宜，在发展中解决发展的问题。

总之，分享经济是一个发展中的实践，也只能通过发展来解决其中的问题。面对分享经济和分享公司，我们必须创新监管思维，才能实现创新与规制的有机结合；才能避免分享公司像野马一样横冲直撞地搅乱市场经济；才能确保政府监管和行业自律的效用最大化；才能留给分享经济一片晴朗的天空。这是一个非常宏大的系统工程。这既包括理论的进一步完善，也包括实践的进一步探索。

（作者：姚 鸿）

（来源：红旗文稿）

创造未来全新价值的分享经济

十二届全国人大四次会议开幕之后，《国民经济和社会发展第十三个五年规划纲要（草案）》揭开面纱。人们注意到，分享经济越来越受到关注。那么什么是分享经济呢?

国家信息中心与中国互联网协会联合发布的最新报告显示，2015年我国分享经济市场规模达到1.95万亿元，分享经济提供服务者约5000万，参与分享经济的活动总人数超5亿。同时报告预测，未来5年我国分享经济增长年均速度将在40%左右，到2020年市场规模或将占我国GDP的10%以上。

理论与实践的破局

“分享经济”也叫“协同消费”，是指资源所有者将自己闲置的资源拿出来，供那些需要的人有偿使用。国外具有代表的分享经济模式是Uber和Airbnb，前者提供出行车辆服务，后者提供旅游租房服务。在国内，分享经济的主要代表有提供车辆出行服务的滴滴快的和神舟租车，提供旅游短租服务的木鸟短租，提供创意设计、网站建设、文案策划的猪八戒网，以及智力资源共享的果壳网“在行”和提供周边免费WiFi热点信息的WiFi万能钥匙等。

传统经济学以资源稀缺为研究前提，并在此基础上提出了必须对有限资源进行优化配置才能取得最大化市场效果的结论；不仅如此，西方经济学还认为市场参与主体都存在着信息非对称性与不充分的约束，相应地，价格的发现、交易的生成直至市场的出清都是一个次序而缓慢的过程。显然，分享经济不仅突破了资源稀缺的经典假定，而且打破了信息不对称的传统推断，其对经济理论的丰富性贡献不言而喻。

非常重要的意义是，分享经济正在实践中强烈撼动着传统行业的经济结构与根基，并从底层经济关系上瓦解原有的经济秩序和商业逻辑。分享经济主张通过对社会存量资源的调整来实现产品和服务的最大程度利用，这在实践中完全颠覆和改变了以往不断通过新的投入刺激经济增长的传统思路。另外，分享经济模式下资源交易参与方能够在互联网环境中实现点对点的直接接触，从而打破了时间、空间、信息三维约束，这使得资源配置摆脱对地域的依赖，并充分利用时间差编结成新的资源分配方式。

新的经济增长模式

由于分享经济正在向许多行业进行强力渗透与覆盖，其固有延展功能将带动房屋设计师、私家租车、私家导游、自家烹饪等新兴职业的出现，从而将大大拉动社会就业总量，并为公众创造新的收入来源。彭博社一份最新研究报告的数据显示，从分享经济参与者的年龄阶段来看，18—24岁的人群约占劳动力总量的37%，25—34岁的人群占到30%，即绝大部分参与者都在45岁以下；而对比美国劳动力占劳动力总量的分布，45—54岁的劳动人数是最多的，主要劳动年龄阶段集中在35—64岁之间。可见分享型经济不仅促使劳动参与者的年龄组成更为年轻化，而且扩大了劳动就业的年龄范围。

从产业链的视觉观察，分享经济产业链是一个动态的生态圈，每一个参与者既可以是生态圈中以供给为核心的主体，也可以随时转化成以需求为核心的主体，即每一个人或企业都有可能是产品和服务的供给者或需求方，这种方式决定了整个交易市场的无限外延能力。据普华永道对分享经济行业与传统租赁经济行业过去两年收入增长速度的对比研究，传统租赁行业的最高增速只有5%左右，但基于相同交易内容的分享经济模式收入最低增速达到了17%。

与新企业的产生需要资源的充分堆砌这种传统商业路径完全不同，分享经济模式下创业者瞄准的是唤醒和整合存量资源，并通过分享、协作方式进行创业，同时，LBS定位、云计算以及大数据等充分的技术供应使得创业者进入市场的门槛更低、成本更小、速度更快，进而极易烘托出活跃斑斓的商业氛围。据投融界大数据显示，分享经济创业项目的数量在中国已开启逐年攀升的脚步，其中2015年有近2000个投资机构共投资3.2万个项目。

商业与价值理念的升级

正如工业经济对应的是工业文明一样，分享经济对应的是生态文明。不同于工业经济追求生产规模和产品数量的最大化，从而带来高能耗和高污染的能源与环境危机，分享经济追求的对闲置资源利用的最大化，从而确保了资源的节约与对更多浪费的遏制，并最终有利于生态环境的改善与改良。根据美国麻省理工学院的研究，拼车服务能够减少55%的交通拥堵；一辆充分发挥效用的“分享汽车”大约可替代4—10辆私家车，相当于每位顾客人均减少30%—45%的驾驶公里数。另有数据显示，“分享汽车”模式让德国不来梅市每年减少了1600吨二氧化碳的排放。因此，分享经济所代表与彰显的是一种更符合生态环境保护的绿色经济理念。

对于传统消费理念与消费方式的改造与颠覆是分享经济正向作用的又一个重要表现。在分享经济环境中，人们不再是通过购买所有权的方式而是通过取得使用权的方式进行消费，关注的不再是自己占有多少价值而是能够获得多大的使用价值，同时重视的不是交换价值而是实际使用价值。这种节约型、绿色化的消费理念和方式反映出的是人类文明的进化与提升。另外，在传统生活价值体系中，被社会文化认可的生活方式，是一种拥有多寡比赛的生活方式。而在分享经济时代，这些被传统社会认可的生活价值观遭到颠覆性改变。

分享经济正在重塑未来社会生活标准。在分享经济大环境中，汽车、别墅、城堡不再是身份地位的象征，而是一个可以和别人分享的物品。这种分享经济将给人带来一种物质消费与精神消费均衡的新生活。

（作者：毕夫）

（来源：中国青年报）

以大数据战略推进分享经济

党的十八届五中全会首次提出“发展分享经济”的概念，并将“网络强国”“大数据战略”提升为国家战略。分享经济商业模式是互联网时代的标志性产物，分享经济理念借力互联网大数据在各个行业领域深度融合，已经成为世界性的大趋势。目前，全球分享经济呈快速发展态势，是拉动经济增长的新路子，通过分享、协作方式搞创业创新，门槛更低，成本更小，速度更快，这有利于拓展我国分享经济的新领域，让更多的人参与进来。

分享经济，也称共享经济，是将原先由于技术手段或商业模式的限制而无法参与经济领域的生产生活资源，通过大数据、云计算、物联网等新兴信息技术手段所创造的商业模式投入到经济活动与经济流通中，重新产生经济价值、创造社会效益的经济模式。互联网平台的分享经济是在数字信息规则下，所有者并不改变所有权的情况下，将使用权在一定条件下让渡给他人，实现社会资源的最大化利用，这种模式在移动互联网的作用下迅速扩张，形成了分享经济新浪潮。其实商品分享的概念并非最近才出现的，但是借助发达数字技术的发展，消费者利用互联网将分享经济带到了一个新高度，传统的企业和消费者之间的界限正在不断弱化，人们开始逐渐放弃传统的商品购买方式和服务，转而在互联网上寻找商品分享服务。分享经济是互联网时代的商业模式创新，其快速发展也将带来商业、技术和服务方面的变革，网络技术降低了人们参与成本和共享成本，让人们能比以往更加便捷、快速高效并且价格低廉的获得共享资源，带来消费者之间的分享、交换、借贷、租赁等分享经济行为的爆炸性增长。互联网分享经济为闲置资源创造了市场价值，更是降低了信息不对称，使消费者能以较低价格购买和提供商品和服务，大大降低了分享经济的门槛，资源交易参与方能够在互联网环境中打破时间与空间约束，吸引更多的人参与其中，也就是分享经济带来了另一个好处创造就业，这在复苏乏力的经济大背景下尤为重要。互联网平台的分享经济虽然改变了分享的模式，但并没有改变分享经济的本质属性即利益共享。

大力发展分享经济是我国经济转型升级的必然趋势。过去发展主要依赖大量的要素投资驱动，依靠国际市场，充分利用人口红利，吃了一些资源环境的老本。当前我国经济进入新常态，外部环境发生变化，出口下降，人口红利在削减，资源能源压力变大，长期以来以投资驱动为主要战略导向，投资回报率在降低，同时也带来了产能大量过剩和社会资源闲置浪费，这种发展模式使得我国的产业结构严重失调。按照欧盟的研究结论，发达国家资源闲置率达40%，新兴市场国家可能更高。大力发展分享经济可以很好地解决产能重复过剩问题，开拓了重新利用闲置资源和提高配置效率的新视野。我国未来经济转型发展的核心动力将转向依靠创新驱动，依靠大数据驱动，大数据将成为战略性资源，将成为互联网经济的重要生产要素之一，大数据也将是促进生产力变革的基础性力量，以大数据驱动经济发展，重构生产过程，实现技术创新和商业模式的创新。分享经济正是大数据驱动下的商业模式创新，它改变了过去主要依靠外部资源要素投入的发展模式，而是充分调动使用现有的闲置资源。大数据驱动发展的分享经济将成为对冲当前经济下行压力的新动力，给我国经济转型升级带来新动力，分享经济必将开启中国经济新的增长极。

发展分享经济要排除与分享经济不相适应的信息技术障碍、所有制障碍、既得利益障碍、体制机制障碍等的阻力，打破要素垄断，为分享经济发展创造条件。但随着网络技术的迅速发展，分享经济发展的主要障碍是来自于体制机制的障碍，因为分享经济所需要调动的沉睡闲置的社会资源，往往是分散在社会各个领域，而这些领域都是被传统的地域、行业的管理体制所束缚，无法参与到社会生产的大循环中。长期形成的管理体制衍生出了固化的管理惰性与管理模式乃至利益藩篱，制约了当前分享经济的进一步发展空间。由于分享经济促进了整个社会发展，提高了公共服务水平，面对分享经济的浪潮来袭，管理部门要敢于打破传统的管理思维束缚，摈弃现有的管理体制和部门利益。分享经济的核心是信用，它提高了社会的效率，加强了人与人之间的联系，分享经济由于参与面广，调动资源大，原有政府单一的监管模式已经无法满足治理需要，市场秩序的监管和维护将主要依靠和发挥市场自身调节机制，应该充分利用企业、行业协会、社会组织、媒体、公民监督等社会主体力量实现对分享经济的秩序治理和信用维护。互联网平台上的支付手段、评价体系日趋成熟和完善，也极大地遏制和阻止了信任危机的发生，从而为分享经济保驾护航。分享经济能否迅速发展起来，取决于新型的治理体系和配套措施的完善程度。发展分享经济还要改变用户的消费习惯和观念，分享经济的前提和基础是市场的需求缺口，而推广分享经济最大的挑战则是用户消费习惯的培养，这需要从根本上提升移动互联网产品和服务质量，提供基于互联网的诚信体系和良好环境。

以大数据战略推进分享经济的发展。大数据和分享经济的关系可谓是一对天然的“孪生兄弟”，分享经济正积极快速地向传统各个行业渗透融合，分享经济的发展离不开大数据的有力支撑，大数据正成为推动分享经济向前发展的核心推动力，十八届五中全会将“大数据”“网络强国”上升为国家战略，将进一步助推分享经济的快速发展。目前，国家层面正在积极布局和实施大数据产业政策，将有力地促进分享经济发展。中国信息通信研究院发布的《2015年中国大数据发展调查报告》预测，2015年中国大数据市场规模将达到115.9亿元，增速达38%。预计2016至2018年中国大数据市场规模还将维持40%左右的高速增长，鼓励大数据行业发展的利好政策亦不断落地。在大数据的黄金时代，大数据的发展为分享经济提供了可靠基础，提高了分享经济发展中海量数据的处理和分析能力，能够快速找出事物间的相关关系，能快速做出决策。各地方政府要着力加快推进大数据建设，加快大数据产业化高速发展，解决各部门之间数据的互联互通和共享、开放，加强大数据动态的跟踪研究，切实建设数据政策体系、数据立法体系、数据标准体系，围绕大数据进行产业升级和布局，将极大地促进分享经济快速繁荣发展，带动新一轮的产业升级浪潮。

（作者：吴根平）

（来源：学习时报）

分享经济犹如带刺玫瑰

十八届五中全会提出“发展分享经济”。要让分享经济走上正轨，就得解决好其负外部性问题，在鼓励创新的同时化解好新旧模式间的矛盾。

这两年，分享经济火了。有车一族将私家车接入打车平台，就能兼职干专车、顺风车；房主把空闲民宅放上短租平台，就能做起宾馆生意；甚至，你若愿分享停车位、厕所，也能通过互联网寻到应答者、赚点零花钱。凭借新的商业模式，国外的Uber（优步）、Airbnb（空中食宿）席卷全球，国内的滴滴、易到等打车平台，小猪、蚂蚁等租房平台，丁丁、有车位等停车平台也风生水起。

火了的分享经济也没少惹火上身。前不久，北京一位兼职顺风车的私家车主强奸了女乘客，引来坊间不少质疑。诸如此类的法律案件和交易纠纷，眼下并不鲜见。新模式还拨动了传统从业者的神经：一些的哥因不满私家车抢活而集体罢工，一些国外酒店也撺掇当地封杀租房平台。

既受青睐，又惹麻烦，分享经济就像一枝“带刺的玫瑰”。一方面，它看上去很美：对提供者来说，与他人分享使用权，既没失去所有权，还能创造价值；对使用者而言，选择更丰富、价格更低廉、消费更便利、信息也更透明；而站在全社会看，闲置资源盘活了，资源消耗减少了，供给规模做大了，还能解决部分就业。可另一方面，它摸上去又很扎手：个人经过简单的资质审核能接入平台，拉低了入行门槛、推高了安全风险；市场供给短期内激增，动摇了行业固有秩序，甚至加剧失业。

对于飘逸着芬芳的艳丽玫瑰，我们没理由绕道而行。十八届五中全会明确提出要“发展分享经济”，就是为它正了名。然而，要让分享经济正名之后走上正轨，就得颇费些思量，解决好它的负外部性问题。

最大难题之一是对传统行业秩序的挑战。需求再无限、用户也有限，要让后来者纯作增量几乎不可能。今后，分享经济越发展，新旧矛盾就越显化，也就越发呼吁政府“说句公道话”。其实，在竞争格局多变、技术更新加速的迷局之中，你很难简单算出支持哪方能增加就业岗位和GDP总量，政策再高明也敌不过众人用脚投票的选择。对监管者来说，最理想的办法就是当好服务员，管好该管的，剩下交市场。

哪些该管？损害消费者人身财产的风险当然要管控起来，甚至严管。眼下，有些平台企业为了盈利扩张，在把关审核上打马虎眼。这就需要完善法律和制度，让平台负起主体责任来。当然，方式不妨灵活些，可以是通过严厉的事后追惩让其不敢漠视风险，也可以是通过信息技术手段将企业实时运行平台纳入监管等等。

哪些不该管？可能挫伤创新积极性的往往就不该管。新模式毕竟不同以往，若拿一把老尺子量到底，就很可能长不大。比如要求大量兼职者与平台签订正式劳动合同、强制专车与出租车一样8年报废，或要求民宅也具备与宾馆同样的经营资质等就值得商榷。又如，违背市场规律、打压成长空间的措施也没必要出台。分享经济体量越大、成本越低，也就越发彰显分享的本意。因此，既然要发展天生有做大冲动的分享经济，那就应遵照市场规律，不要总操心谁会一家独大、给市场份额划什么杠杠，毕竟我们要反的主要是垄断行为。

玫瑰惹人爱，带刺令人忧。要想既嗅花朵之香，又避扎手之痛，就看你捧得是否巧妙了。

（作者：刘志强）

（来源：人民日报）

分享经济为发展注入新动力

分享经济是通过新一代信息通信技术实现社会闲置资源合理充分利用，也是信息革命发展到一定阶段后的新经济形态。党和国家高度重视分享经济发展，今年的政府工作报告明确提出，支持分享经济发展。分享经济不仅是当前我国经济发展的新趋势、新理念和新引擎，更是保持经济可持续发展，谋求国际社会未来竞争制高点，实现伟大“中国梦”的重大战略举措。分享经济将为经济发展注入新动力。

第一，分享经济是经济发展的新趋势。其一，分享经济是全球经济的新亮点。在全球经济低迷之时，分享经济一枝独秀。全球分享经济的领军企业美国的UBER和Airbnb，中国的电子商务，最近几年均呈现了爆发式增长，并带动快递等行业的蓬勃发展，引发了分享经济模式在房屋租赁、交通出行、家政、酒店、餐饮等多个领域的创业潮。其二，分享经济是我国经济转型升级的重要动力。分享经济依托互联网技术，能有效减少供给和需求的信息不对称问题，在去产能、去库存和降成本等方面具有天然的优势。我国将是下一阶段体量最大、最受关注的市场，分享经济给我国经济转型升级带来新动力，也必将成为我国经济新的增长极。国家信息中心发布数据显示，2015年我国分享经济规模约为1.95万亿元，参与分享经济活动人数已经超过5亿人；预计未来五年分享经济年均增长速度在40%左右，到2020年市场规模占GDP比重将达到10%以上。其三，分享经济是“供给侧”和“需求侧”两端同时进行的革命。在“供给侧”，通过互联网平台，可以实现社会大量闲置的资金、土地、技术和时间有效供给，解决当前我国资源紧张和大量闲置浪费并存的现象。在“需求侧”，分享经济则能有效匹配消费者的需求，以最低的成本满足需求。消费者节省了大量的“搜寻成本”，能及时了解其他消费者对商品和服务的真实评价，提高了整个社会消费者的福利水平。

第二，分享经济是经济发展的新理念。坚持创新、协调、绿色、开放、共享等“五大发展理念”，发展分享经济是重要举措。其一，创新发展是分享经济的根本动力。比如，当前分享经济的领头羊优步、空中民宿和滴滴快的等公司，无一例外是互联网高科技公司。这些公司均搭建了互联网第三方平台，能精确地动态匹配闲置资源的供需双方，实现闲置资源使用权交易。另一方面，资源提供者可以用私家车或家中闲置房间获取收益。上述模式，为住宿、出行等传统行业存在已久的供求难题提出解决方案，打破了传统规则。本质上则是源于技术创新、制度创新和商业模式创新。其二，绿色发展是分享经济的重要特征。分享经济是一种新的生产方式，能有效减少投入和节约成本，实现消费模式从“扔掉型”转变为“再利用型”，通过社会存量资产调整实现产品和服务的合理分配和资源及商品最大程度的利用。从全社会看，分享经济增加了有效供给，节约了资源，保护了环境，将有效推动绿色发展。其三，协调发展是分享经济的内在要求。分享经济强调人人参与，互联网平台打破了地域、城乡、国别、性别等限制，对参与人平等开放。不管你身处富裕的沿海地区，还是在沿边落后地区，只要有条件接入互联网，分享平台对所有符合规则的人都是平等的。互联网的公平接入特性使得分享经济能有效地缩小城乡差距，就业和提供商品及服务的门槛降低了，边远和落后地区也能有同样的机会参与，减少了机会不平等。其四，开放发展是分享经济的基本理念。唯有开放，分享经济才更加具有生命力。互联网、智能终端和物联网的发展使得任何人和物都具备了互联的条件。分享经济与传统经济相比，开放度大大提升，通过开放不断降低成本，持续创新，促进快速增长。此外，共享发展是分享经济的落脚点。分享经济使所有参与人共享财富，实现人人参与、人人分享的目标。

第三，分享经济是经济发展的新引擎。一方面，互联网普及是分享经济发展的基础。另一方面，“互联网+”是分享经济发展的助推器。互联网与产业的深度融合、在社会生活和政务服务等领域的深度应用是分享经济发展的土壤。围绕“互联网+”，政府在推动电子商务、大数据、云计算、智能制造等方面出台了一系列政策，着力推动互联网与相关产业（领域）的深度融合。在“互联网+”新环境下，从互联网、物联网到人联网必将有力促进分享经济的可持续发展。

当前，发展分享经济需要新举措。

一是更新理念、创新监管。分享经济是大众参与的商业模式，政府的监管对象庞大并有一定的虚拟性，监管内容快速增长，需要及时调整监管和治理模式。市场监管部门要积极地适应新常态，解放思想，转变监管理念，塑造互联网监管思维，发挥大众评价、企业治理、行业自律等多方作用，建立多方协同治理机制。比如，创新监管方式，利用大数据技术等加强监督检查和违规处置，建立健全以信用为基础的事中事后监管体系，加大失信惩戒力度；培育专业的信用服务公司，构建用户信用评级系统，将分享经济中的诚信者和欺诈者纳入目录，并对信用极差的个人或企业进行披露。

二是拥抱创新、趋利避害。分享经济是大势所趋。政府首先要鼓励创新，不仅要营造企业创新发展的环境，更需要创新治理方式来适应分享经济发展的要求。作为市场监管者，要科学认识新生事物，最大限度地保护创新；同时也要坚守监管的底线，将人民的切身利益和人身安全放在第一位，维护正常的市场秩序。

三是完善法规、保障发展。在分享经济模式下，现有法律和规范存在模糊边界，相关的保险、税收、劳动法等法律法规也不尽符合分享经济发展要求。应及时建立健全相关法律法规，并对网络平台和专业从事分享经济的中介公司加强监管。加强商品和服务提供者的资质审查，调整分享经济模式下的财税政策，规范交易行为，保护交易双方的合法权益，可考虑有针对性地对民办分享设施建设进行财政补贴。

（作者：中国国际经济交流中心课题组）

（来源：经济日报）

分享经济，文化领域“潜力股”？

这样的场景已成为不少“80后”“90后”生活的常态：

打开“中国大学MOOC”网，点开一门自己想要学习的课程，不仅能够在线完成以往只能在课堂上获取的知识，还能基于网络社区，随时随地与其他学习者交流学习心得。

“含羊毛的衣服该如何洗涤”“过敏性鼻炎如何医治”“竹林七贤是谁？如何评价嵇康”……下载一个名为“知乎”的APP，有任何问题都可以借助这个平台提出，其他知晓答案的网友会免费给予解答。

“新媒体时代如何做营销”“如何拍摄旅行纪录片”“如何科学制定研究生入学考试的学习计划”……下载一个名为“在行”的APP，提出问题，就能找到相关领域的专家提供在线或者线下的解答与辅导。

这些，均可由一个概念统称分享经济。

如果说几年前，这个概念对于大多数人还十分新鲜，今天，分享经济的概念已经实实在在地渗透到人们的日常生活中，尤其是文化领域当中。

让智慧与知识、信息都不再是凝固的、闲置的

是的，互联网正在让我们与陌生人之间建立起从来没有过的关系，共享资源、分享信息。出行路上与陌生人拼车，家里有限制的物件儿租借给当下需要的陌生人。假期出行，在另一个城市，租住在别人的家中……

人们日常生活方式的变化，正折射了分享经济在我国的飞速发展。而今年，分享经济也正式写入《政府工作报告》：“支持分享经济发展，提高资源利用效率，让更多人参与进来、富裕起来。”

放眼全球，分享经济也是飞速发展。Uber、Airbnb等分享经济公司强势崛起，英美韩等国也纷纷拥抱分享经济。来自市场研究机构的数据显示，2015年分享经济在全球的市场交易规模约为8100亿美元，从2014年至2015年，流入分享经济的风险资金规模增长5倍多。

那么，究竟何为分享经济？简单来讲，是指资源所有者将自己闲置的资源拿出来，通过互联网这样的社会化平台，供那些需要的人有偿使用。资源优化配置是分享经济的核心，有专家分析，在互联网技术迅速发展的大背景下，分享经济颠覆了依靠增加新投入刺激经济增长的老路子，结合web2.0分享、互动与平等的特征，分享经济注重调动用户的积极性，可以充分发挥协同创新的潜力。传统的消费观念正在被改写，从金融租赁、物流运输、教育培训、广告创意到文化传播等领域都刮起了分享经济的旋风。而这也将诞生出一些全新的商业模式。

“传统经济与互联网1.0都属于中心化结构，我们可以用与分享相对应的一个词去替代它，那就是独享。”武汉大学新闻与传播学院副教授王松茂指出，“在分享经济里面，知识的真实性、权威性的发展和传播机制与独享经济是不一样的，它是通过观点之间的交锋，许多参与者分享自己的心得，从而反映事情的全貌。”共享带动共创，引发了协同创意的实现，智慧不再是凝固的、闲置的，而是成为激发经济活力的流动能源。

文化领域成为分享经济的“试验田”

在文化领域，分享经济呈现着良好的发展态势，一系列的分享类网站不断涌现。知识分享领域的知乎、果壳、慕课等，口碑分享领域的豆瓣、大众点评等，旅游经验分享的穷游网、蚂蜂窝等，视频内容分享的优酷土豆等，文化领域的分享经济风生水起。

慕课是文化领域分享经济的一个代表。国外的Coursera、Edx等提供了较为成熟的模式。以美国大型慕课平台Coursera为例，通过精品课程、证书认证、人才增值服务、企业文化推送等获得收益。国内网易公开课、教育部“学堂在线”等平台积极探索，排行榜上的热门课程获得了上百万点击量，更多的人可以参与到知识分享与创造中。有学者分析，“这也是一个筛选的过程，它可以推动知识演进、观点竞争，最终重新定义学校的功能以及教师的教学模式。”

“在行”是泛科学知识社区果壳孵化的主打经验交谈类产品。它被称为知识界的“Uber”，利用认知盈余而产生的智慧共享产品。用户通过“在行”平台搜索“行家”，交付一些费用，线下与行家交流，可以让行家解惑，甚至定制个性化解决方案。在行目前拥有8000个行家，每天大概有600对人通过“在行”进行交流。

“过去大家分享的都是实体物品，而‘在行’开始探索虚拟价值的分享经济，我们专注知识和技能的分享。”果壳网CEO姬十三介绍，“过去的知识分享是不伴随经济活动的，把知识分享和经济活动结合到一起就是分享经济，‘在行’就是这样一个定位。”姬十三认为，交易双方交易的是虚拟化的价值，不能算作一个标准化的劳动产品。所以，如何把服务过程变得更加标准还需要花时间摸索。

致力于知识分享的知乎是一个网络问答社区，社区氛围友好与理性，连接各行各业的精英。知乎产品经理俞金辉介绍，“截至2015年10月，知乎社区已拥有3300万注册用户，月独立访客超过1.4亿，月浏览次数接近38亿。用户分享着彼此的专业知识、经验和见解”。

北京大学新媒体研究院副教授田丽分析了文化领域分享经济的三个特点：“第一，文化分享的内容不同，它是非标准化的精神产品，体现了信息经济将信息、知识和智力作为资源的特征。第二，分享动机不同。尽管有些类型的分享经济可以为分享人带来经济回报，但是对于绝大多数从事文化分享的人来说，刺激分享的是参与感、成就感和幸福感等精神回报。第三，经济回报方式不同。金融共享、生活服务共享、交通共享、劳动力共享等分享者获取的是经济回报，而文化分享的获益者更多的是分享平台的运营者。”

昙花一现还是前景无限

分享经济的模式正在深入人心，为文化共享付费、以交换方式换取文化共享资源的消费方式也正在逐渐养成。那么，文化领域的分享经济前景如何？这一“潜力股”究竟路向何方？

王松茂认为，“文化产业作为第三产业的一部分，这一领域内分享经济的发展有助于实现经济新常态下的产业结构升级。除此以外，文化分享也有助于提高国民素质与创造力。”

还有专家指出，文化产品半数以上属于体验品，体验品是十分适合分享的。数字原住民们具备的强烈的分享意识，也促使分享类文化产品的生产十分踊跃。分享经济赋予人们消费者和拥有者两种角色，使得人们的互动更加活跃，在文化领域内一定程度上解决了认知盈余问题。

当然，文化领域的分享经济仍面临着内容质量、版权保护、社会信任度不足以及盈利模式不明确等问题。田丽分析：“一方面，分享经济迎来政策、资本的风口，文化分享会借势发展。另一方面，文化分享也面临着制度和伦理的反思。精英文化和专业文化受到冲击，网络中知识的专业性、科学性遭到挑战。文化供需与经济利益分割存在着不一致，发展文化分享经济还有很长的路要走。”

知乎从诞生之初就遇到了版权保护的挑战，为了更好地保护版权，1月4日，知乎对外发布“微信公众号侵权投诉产品”，有效投诉的处理时间由原来人工对接的3天缩短至24小时。有学者分析，只有让原创得到最大程度的尊重，知乎这类网站才能有源源不断的优质内容产出，进而挖掘出文化领域中分享经济的巨大潜能。

“要在文化领域内发展分享经济，我们现在的问题是，分享、共享的理念还不十分成熟，我们原来是以一种独享的思维去看待新技术的变化与发展。”王松茂认为，“面对分享经济，一些在传统工业模式里受益的产业集团，一定会出现不适应甚至排斥的问题。”只有树立了一种分享的理念，才能更好地推动文化产业的发展。

中国人民大学文化产业研究院专家许鹏也表示，观念的转变十分重要。“分享经济具有新的特点，和传统经济的活动方式和原则十分不同，加强与现行体制的配合，更好地去适应分享经济带来的改变是未来要努力的方向。”他认为，“资源提供者和平台运营者都应该有自我定位和价值实现意识，思考什么样的行为方式，什么样的产品和服务模式更适合分享经济。”

只有在实践中不断创新，才能让分享经济不只是文化领域的“盆景”，还能长成充满活力的生态系统。

（作者：赵婀娜 姚怡云 何诗源）

（来源：人民日报）

分享经济的发展靠创新引领

“实施‘互联网＋’行动计划，发展物联网技术和应用，发展分享经济，促进互联网和经济社会融合发展。”这句话见于《中共中央关于制定国民经济和社会发展第十三个五年规划的建议》，使“分享经济”这个许多人还感到陌生的名词，第一次进入了中国的发展战略。

新的商业模式靠创新

什么是分享经济？简单说，就是“可使用而不必占有”，让有需求者可以低价使用他人闲置的资源，同时让资源供应者获得收入。比如，需要出行者不必每个人都买自己的车，外出旅行也不必每个人都订酒店房间。

这背后的基本概念并不新鲜。在美国，很早就有一些电商网站和分类信息网站提供二手物品在线交易服务，不过这主要还是“买卖所有权”的模式。分享经济真正出现质的飞跃，是随着互联网和智能手机的普及。新兴的社交媒体、移动互联、大数据和云计算等技术相结合，使得“协作消费”成为可能，创造了可行的商业模式。

在美国，一些企业正通过先进技术和新的商业模式，以颠覆式创新在传统行业掀起风暴，其影响达于世界各地。其中的典型，就是汽车分享服务企业优步和房屋分享服务企业Airbnb。

公司数据显示，优步的打车、拼车服务已进入63个国家和地区的约340个城市，而Airbnb上有200多万个可出租客房，遍布190多个国家和地区的3.4万多个城市，房源规模和每晚客流量都超过了酒店业巨头希尔顿集团。

优步和Airbnb两家企业创建不过六七年，最新估值已分别达到510亿美元和255亿美元，在全球初创公司的估值排名中分别占据第一和第三位。这两家公司的高增长和高估值，反映出近年来分享经济发展的迅猛势头。

创新模式构建靠技术

分享经济的基础在于技术创新。优步和Airbnb两家公司均搭建了互联网第三方平台，能精确地动态匹配闲置资源的供需双方，并实现个人之间的闲置资源使用权交易，而平台从中收取佣金。优步的移动应用程序，连接可提供私家车出租服务的司机与需要打车的出行者；而Airbnb网站和移动应用，可以连接空闲房间的主人与需要投宿的旅行者。

通过基于互联网的平台服务，消费者可以便捷地约车、搭车，价格明确，支付方便；也可以租住私人住宅，更好地获得本地化的旅行体验。另一方面，资源提供者可以用私家车或家中闲置房间赚钱。

这样的商业模式创造出全新的用户体验、供应源及市场，同时提高了社会资源使用率，优化资源配置，减少了浪费，甚至也有助于节能减排、保护环境。

优步不拥有出租车、不雇司机，却有效解决了人们打车难的问题；Airbnb不拥有客房，却增加了人们旅行住宿的选择。作为初创公司，它们用新兴技术构建了能释放增长机遇和竞争力的创新模式，为传统行业存在已久的供求难题提出解决方案，打破了出租车业和酒店业的传统规则。

传统行业抵御冲击还要靠创新

当然也应该看到，分享经济会对传统行业造成巨大冲击，传统行业的从业者利益受到影响，基于传统业态的税收、监管法规与创新的矛盾也日渐凸显。在不少国家的城市，优步和Airbnb被监管部门叫停，甚至遭到不同形式的处罚。

不过，现在也有越来越多的地区显示了鼓励支持创新的善意，与这两家企业达成妥协，修改那些过时的、多数还是互联网时代之前制定的政策法规，以协调各方利益，允许优步和Airbnb有合法经营的空间。

比如，荷兰的阿姆斯特丹去年在全球率先通过对Airbnb友好的立法，随后Airbnb总部所在地旧金山也在美国率先颁布法规，把借助互联网平台的私房短租服务合法化并纳入监管。

创新带动了分享经济的发展。知名会计事务所普华永道今年公布的一份调查报告显示，在1000名参与调查的美国成年人中，有19%的人参与分享经济交易，44%的消费者熟悉分享经济，其中绝大部分认同分享经济的好处，包括降低生活成本、方便有效、有利于环保和社区建设。

报告估计，全球范围内，如今分享经济在旅游、汽车分享、金融、人力资源、音乐和视频流媒体服务5个行业产生的收入约为150亿美元。到2025年，这5个行业的分享经济收入可能增长到3350亿美元。

（作者：马丹）

（来源：科技日报）

第四章

人民币国际化之路

中国发展与人民币国际化

11年前也是这个时节，也是在这个报告厅，我作题为《新格局、新视角——中国对外金融政策与关系》的演讲，内容就包括人民币国际化问题。十多年过去了，人民币国际化发展得非常快。现在回头看，很多发展变化是当年没想到的，甚至是不敢想的。不仅是我没有想到，很多人都没有想到。

2015年岁末，人民币国际化喜讯连连。11月30日，国际货币基金组织同意将人民币纳入特别提款权（SDR）货币篮子。12月中旬，非洲的津巴布韦表示，在2016年将进一步加大力度推进人民币在其境内作为流通货币的使用。还有，中国财政部宣布亚投行2016年1月16日正式开张。这一系列与人民币国际化相关的事件，就像冬天里的一把火，成为中国经济一道亮丽的风景线。

经济崛起是不争的事实

改革开放以来，中国经济成就举世瞩目，综合国力不断提升。2014年中国国内生产总值（GDP）达到10.38万亿美元，成为继美国之后第二个GDP进入10万亿美元的国家。理解这个数字代表的经济成就，要从纵向和横向两个方面看。

纵向看是中国经济飞速发展。1990年中国GDP是多少呢？4045亿美元，居全球第十位，排在巴西之后。2014年中国GDP是1990年的25.66倍，相当于平均每年给世界经济增加一个1990年的中国。大家都知道中国有个湖南省，它不是经济大省，更不是经济强省。2014年中国内地31个省市自治区中，湖南省GDP排名第十，规模是多少呢？4414亿美元，比1990年的中国还多了将近300亿美元。这就是为什么中国人越来越自信自豪。同样2014年，中国经济第一大省广东GDP超过1.1万亿美元，和2000年中国GDP规模相当。这就是变化，这就是成就。

横向看是中国经济快速赶超。2006年中国GDP超过英国，成为世界第四大经济体，终于实现了新中国缔造者“超英赶美”梦想的一半。2007年中国超越德国，成为世界第三大经济体。2009年中国超越日本，成为世界第二。中国经济在不断地超越，而且这个超越是加速的。2006年中国超过英国，到了2010年中国就是英国GDP的两倍多，用4年时间让世界经济版图上“多”了一个大英帝国。2011年中国GDP是德国的两倍多，也是用4年时间对世界第四实现翻番。2014年中国GDP是日本的两倍，用5年时间对世界第三翻番。再看占世界GDP份额，1990年中国的份额是1.78%，过去我们常自豪地说中国用世界七分之一的土地养活了世界四分之一的人口，但是中国人仅仅是活着。到了2014年，中国的份额升至13.4%。与1990年相比，世界前五大经济体中，除了中国外，美国、日本、德国和英国的份额都出现了明显下降。这就是变化，格局性的变化。

中国的经济崛起还在路上，发展和赶超还是进行时。中国经济进入新常态，一个特征是经济发展速度转向中高速。怎么理解中高速？和过去10%的年增速相比，现在是中速，但横向和世界平均水平相比，依然是高速。新常态的另一个特征是经济发展水平要迈向中高端。因此，进入新常态后，中国的发展和赶超将更为稳健和坚实。

2014年有一则很有争议的新闻事件，国内外媒体广泛报道根据购买力平价来计算GDP，中国超过美国成为世界第一大经济体。根据国际货币基金组织数据，2014年美元兑人民币购买力平价是3.517。据此计算的中国2014年GDP是18.09万亿美元，而美国是17.35万亿美元。世界都在议论中国超过美国，很多官方人士也感觉有忽悠的成分。

购买力平价计算的GDP反映的是潜在国力，同样的产出放到发达的美国就是18万亿而不是10万亿。如果中国的经济发达程度赶上美国，那潜在的国力就会变成现实国力。从发展角度看，已经是第二大经济体的中国，具备成为世界第一大经济体的潜力。回头看过去，过去30多年里，中国通过正确的发展道路、战略和制度选择，实现了把很大一部分潜在GDP不断地变成现实GDP。

“十三五”是激动人心的决战阶段。十八大提出全面建成小康社会，如果按国际标准来衡量，就看中国能不能成为高收入国家。2010年中国人均GDP约4500美元，由低收入国家跨进中等收入国家行列，脱离了世界的最底层。“中等收入陷阱”是当下热点话题，即一个国家到了中等收入阶段后经济停滞，不能够跨进高收入国家的现象。中等收入的标准是人均GDP在4000到12000美元之间，其中4000到8000美元为中等收入，8000到12000美元是中高收入。2014年中国人均GDP约7600美元。尽管2015年人民币汇率小幅贬值，但是人均GDP仍会超过8000美元。这意味着，在“十二五”期间中国已经进入到中高收入国家行列。“十三五”期间，如果经济增速达到6.5%多一点，且汇率能够保持稳定，那么到2020年或者2021年，人均GDP将达到1.2万美元，即成为高收入国家。因此，全面建成小康社会存在坚实的经济基础。这就是大国崛起。

崛起之路充满着挑战

中国经济崛起的过程就是不断融入世界的过程。这是共识，所以一直坚持改革开放的基本政策不动摇。改革开放就是摒弃闭关自守，走向开门搞建设，实行以出口和利用外资为主的对外开放政策，充分发挥中国的比较优势——劳动力丰富的要素禀赋优势。一方面通过改革解放生产力，另一方面在开放过程中通过干中学不断提高生产力，从贸易小国发展成为贸易大国。

贸易在中国经济崛起和发展中的作用，是无可替代的。1990年货物出口额是411亿美元，货物进出口总额是752亿美元。2009年中国超过德国，成为世界第一货物出口大国。2013年货物进出口总额跃居世界第一。2014年货物出口额达到2.24万亿美元，进出口总额超过4万亿美元，是1990年的54倍，占世界的份额达到11.12%。中国对世界的影响不仅仅体现在规模上，还体现在中国与世界经贸往来的扩大，让世界切切实实感受到中国的存在。

中国在变，世界也在变，一个重要的变化就是全球化趋势。全球化让世界各国越来越相互依赖，相互依存。在贸易联系的基础上，金融一体化迅猛发展，成为全球化的主导因素。进入20世纪80年代，在金融自由化浪潮下，国际资本流动成为推动世界经济和全球一体化的重要力量，对世界经济的贡献甚至超过了贸易。对外资产总额/进出口总额这一指标反映了这一趋势。考察世界整体，该指标从2004年的2.40升至2013年的2.97；其中发达国家从2004年的3.12升至2014年的4.14，发展中国家从2004年的0.36升至2013年的0.91。金融的国际竞争力已成为影响世界和大国地位的重要因素。

传统对外开放模式越来越难以适应新趋势新变化，突出问题是对外开放效益低下。中国从2004年开始公布国际投资头寸表，即国家对外资产负债表。经常账户状况是影响对外债权债务变化的主要因素。由于经常账户持续顺差，中国在20世纪90年代末成为债权国，2004年对外净资产2764亿美元。从对外净资产变化来看，大体分为两个阶段。第一个阶段是2005—2008年，债权快速积累。对外净资产增至14936亿美元，增加了12172亿美元，基本和同期经常账户顺差11380亿美元相当。

2009年情况突然逆转，对外债权积累出现停滞。2015年6月末对外净资产是1.46万亿美元，比2008年末还少了300亿。是不是中国没有经常账户顺差和贸易顺差了呢？不是！实际上每年经常账户依然是顺差，且持续在高位上。2009—2015年上半年，经常账户顺差累计1.35万亿美元。按理来说对外净债权应等额增加，但实际上没有增加，反而还略有减少。

为什么会这样？因为国际金融渠道出现了巨额损失，吞噬掉了经常账户顺差。顺差“不翼而飞”很令人痛心。中国一直是净债权国，每年都会拿出一部分储蓄给外国使用，叫国际储蓄。2009年—2015年上半年，累计输出储蓄11.17万亿美元。如果你作为一个储蓄者，期望获得什么样的收益呢？我想一般人是不满足于3%这样的收益率的。然而，中国作为一个国际储蓄者，这个期间国际投资收益出现了1.27万亿美元亏损。中国拿出11.17万亿美元储蓄供外人使用，不仅没有收到利息，反而还付出1.27万亿美元的保管费。贸易顺差相当于毛收入，就是中国多卖了1.35万亿美元商品，然而另一边的国际金融渠道赔了差不多同样多的美元，这可是净利润的概念，所以中国这几年非常不划算。为什么会是这样的结果？因为对外资产的收益率远远低于对外负债的成本。尽管中国对外资产很大，拥有净资产，但是最终是亏损的，而且连年亏损。这是对外开放亟待解决的问题，而且这个问题的严重性还没被充分认识到。

为什么对外开放效益越来越低？人民币不是国际货币是重要原因之一，即存在着“原罪”。中国在进行对外经济交往时，无论是贸易还是投资，都要使用别人的货币，同时还要准备大量的国际流动性资产以备不时之需，所以外汇储备一度接近4万亿美元，占全世界的三分之一。巨额外汇储备过去被认为是综合国力提高的象征。然而，2014年李克强总理两次说，巨额外汇储备已经成为中国的沉重负担。为什么是负担？如前面讲的，巨额外汇储备背后是巨额的来自金融渠道的损失。要改变这种状况，就要摆脱原罪，人民币就必须要成为国际货币。

做自己的国际银行家

真正的人民币国际化，是在2008年以后。之前人民币国际化一直处在自发萌芽状态，主要是人民币现钞跨境流通。国际金融危机爆发，让世界变得漆黑一片。过去全世界到处都是美元，然而一夜之间都不见了，流动性枯竭，贸易的融资也中断了。中国因为持有大量的美元，开始对其他国家和地区提供流动性支持。2008年12月，中韩两国央行草签了一份金额达1800亿元人民币的双边本币互换。双边本币互换就是签署双方如果有一方在需要的情况下提出请求，它可以拿自己的货币或者资产换取对方的资产。之前，香港人认为港币比人民币好，韩国人也认为韩元比人民币强。危机来了，给了中国这样一个机会。双边本币互换的双方都可以主动提出动用，但实际上主要是中国为对方提供流动性支持，这体现了一种大国的责任。通过双边本币互换，人民币已经在为其他国家和地区提供国际流动性支持。这是一个重大突破。

官方把人民币国际化的起点放在2009年7月。因为在这个时间点，中国开始在上海等地试点人民币跨境贸易结算，在对外贸易中鼓励使用人民币，后来推广到全国和全球。随后人民币跨境使用从贸易拓展到投资，再到允许外国投资者持有中国的资产，包括外国央行持有人民币资产作为外汇储备。由于还存在资本管制，金融市场还不很成熟，中国支持包括香港在内的境外形成人民币离岸市场，创造性地利用离岸市场推进人民币国际化。

很长一段时间里，中国官方从来不提人民币国际化，一直用人民币跨境使用这个词。直到2015年6月，中国人民银行发布了首份《人民币国际化报告》，首次正式公开使用人民币国际化一词。这标志着人民币国际化进入新阶段。

过去6年多的时间里，人民币国际化取得了一系列重要进展。对外贸易已有超过五分之一使用人民币进行计价结算。与33个境外央行签署了双边本币互换协议，累计金额达3.3万亿元人民币。以人民币发行的国际债券超过5000亿美元。外国人持有人民币的资产，在境内已有4.4万亿元人民币，在离岸市场上还有近2万亿元。人民币也成为其他国家的储备货币，2015年10月有38个国家报告其国际储备中包括人民币。人民币的外汇交易也在迅速发展，在香港、伦敦都有活跃的交易。

大家看到这些数字，有的很大，但也许难有直观的感受。要知道，在2008年以前，这些数字大部分是近乎为零的，所以人民币国际化是相当快速的。总的来看，人民币已经在国际上被广泛使用。国际货币基金组织对人民币加入SDR进行评估时，已经认定人民币是可自由使用的货币。这是国际社会对人民币国际化的认可。

未来人民币国际化还有很大的空间。有多大？大到什么程度？2016年10月份生效的SDR货币篮子，将由包括人民币在内的5种货币组成。过去是4种，美元、欧元、日元和英镑，都是发达国家货币。人民币成为SDR的篮子货币，是首次发展中国家货币以新加入的身份进入。人民币在其中的权重是10.92%，居第三位，超过了日元和英镑。SDR货币篮子的权重根据贸易和综合金融两个方面确定，各占50%，贸易指标选择的是五大经济体的出口，综合金融指标包括外汇储备、国际银行负债和国际债券余额、外汇交易量，各占三分之一。人民币10.92%的权重中，来自贸易的贡献超过10个百分点，来自综合金融指标的贡献不到1个百分点。放在五大货币中看，人民币在代表性的三大国际金融交易中的比重不到五十分之一。人民币国际化，自己跟自己纵向比，过去6年多有很大进展；如果与其他货币横向比，差距还很大。这也表明，未来人民币在金融领域的国际化有很大的空间。

人民币作为国际储备货币的情况很能说明问题。2013年人民币在全球储备货币中位居第七，占比是0.7%；2014年还在第七位，但占比已升至1.1%。人民币在国际储备中的占比，与处于第六位的加元、第五位的澳元相差很小，与第四位的日元、第三位的英镑差距也不是很大，英镑的占比刚超过4%。现在境外央行进入中国债券市场是需要审批的，不仅进入需要审批，能投资多少都需要审批。很多境外央行都表示有强烈需求，其持有人民币的意愿远未得到满足，还有很大空间。如果放开的话，人民币占比会迅速上升，两三年时间有可能超过4%，那样人民币就成为世界第三大储备货币。

展望一下未来人民币国际化前景。先看五年。从可自由使用货币的三项金融指标看，五年后人民币所占的比重将全面超过日元和英镑，即五年后SDR货币篮子评估时，人民币权重中来自综合金融指标的贡献会超过日元和英镑。因此，“十三五”期间人民币成为第三大国际货币几乎已成定局，但是人民币还不是和美元、欧元并驾齐驱的三大货币，仅仅是排在第三而已，实际上还在第二梯队，第一梯队还是美元和欧元。

再看远些会怎么样？估计到2030年，国际货币会形成美元、欧元、人民币三足鼎立的格局，形成稳定的货币三角。现在越来越多的人认同这种判断，但是如果放到15年前会有人相信吗？几乎没有人。2001年，德国著名的政治家、前总理施密特先生，就大胆预言30年以后世界只会剩下三种货币，美元、欧元和人民币。他不是说其他货币都消失，而是其他货币会成为这些货币的附属，形成和这三种货币挂钩的货币区。十多年前，几乎没人相信施密特先生的预言。今天来看，这个预言成真的可能性超过50%。

有了自己的国际货币，就可以做自己的国际银行家。中国过去一直是输出储蓄，仅仅是储蓄而不是资本，华尔街把中国的储蓄变成资本对外输出，包括回输到中国。人民币成为国际货币以后，中国就不仅仅输出储蓄，还可以直接输出资本，直至输出国际货币。中国不必非得依赖美元作为中介，不必需要华尔街作为我们的国际银行家，金融街就是中国的国际银行家。这是一个巨大的变化。

全球治理中发挥应有的作用

过去20年，中国在世界秩序中的作用越来越重要。中国是现有秩序的维护者和促进者，也要做全球治理的参与者和建设者。十八届五中全会还提出要作为全球公共产品的提供者。人民币成为国际货币，是中国参与全球治理和提供全球公共产品的重要载体。

中国制造、中国因素、中国元素，大体可以概括不同阶段中国在世界秩序中的地位和作用。在中国制造阶段，中国靠贸易让世界所认知，更多是适应、接受国际规则，在全球治理中处于被动角色。21世纪初进入中国因素阶段。不仅仅在贸易，中国在其他领域也发挥越来越大的影响，逐步成为全球治理的重要参与者。现在正在转向中国元素阶段。中国元素是什么？世界的进步是在不同文明碰撞融合过程中产生的，在未来全球治理中东方文明和中国文化不断融入，是中国对全人类的贡献。这就是中国元素。中国元素应该包括中国经验、中国力量和中国文化三个方面，人民币国际化主要体现前两个方面。

地平线不是平的，世界也是不公平的。美元霸权给美国带来的巨大利益，是美国的核心国家利益。1989年美国成为债务国，到2013年共使用41万亿美元其他国家储蓄。借用这么多钱，应该付多少利息呢？数据显示，美国不仅没有付息，还获得巨额的国际投资收益，高达5万亿美元。1989年以来美国非利息经常账户逆差累计10.7万亿美元，即使美国欠债不用付息，那美国对外债务也会增加10万亿美元以上，但实际上只增加了5万亿美元左右。美国人在不断借钱，不仅没有付利息，本金也只需还一半。这些利益是来自美元作为国际货币的国际铸币税，美国借此从全球攫取经济利益。

另一方面，发展中国家不断被剪羊毛。美国人免费使用的储蓄以及获得的巨额铸币税不是来自其他发达国家，因为其他发达国家的货币大多也是国际货币。谁需要美国提供国际货币呢？是那些货币不是国际货币、包括中国在内的发展中国家。美国通过对这些国家输出国际货币征收铸币税。这也是二战后世界发展问题令人失望的重要原因之一。

不公平的国际秩序能否改变？应该能。作为既得利益者的发达国家不会主动去改变，发展中国家尽管还不能主导全球治理，但可以通过改变自己来改变世界。区域化、集团化是关键。发展中国家走南南合作的道路，大力发展相互间的经贸投资，绕开美元和华尔街，就可能不需要缴这个铸币税。

以金砖国家为例。2005—2013年，金砖五国作为整体对外输出5万多亿美元储蓄，国际投资收益是负的2万多亿。假设金砖国家通过货币金融投资合作实现投资收益由负转为0，在这个时期还输出这么多储蓄，那么也能给金砖国家带来2万多亿的净利益。这就是区域化、集团化带来的收益，对参与的各国都有好处。

怎样才能做到？一个重要基础是在集团内部的发展中国家里面要有自己的国际货币。人民币正在成为国际货币，因此人民币国际化不仅是中国的需要，更是发展中国家的需要，也是中国对世界的贡献，是解决全球发展问题的重要工具。

沉寂多年的南南合作近年来重新焕发了活力。区域化、集团化正在成为促进经济发展的重要途径。其中，中国政府提出的一带一路战略最为引人注目。在南南合作中，中国通过人民币国际化，对外提供资金、技术，世界发展会出现全新的局面。

当然，过程是艰辛的，不可能一帆风顺。2015年底美国国会才通过2010年国际货币基金组织份额改革方案，主要是增加包括中国在内的发展中国家的份额。这个方案是2009年美国主动提出来的，因为美国政府希望发展中国家都参加到危机的救助中去，但是美国国会一直迟迟不表决，而且一拖就是五年。所幸终于有了结果，中国在国际货币基金组织的份额已居第三位。这个例子告诉我们，在推进人民币国际化、发展中国家区域化和集团化的过程中，每前进一步都面临各种各样的阻力。要坚信，尽管世界秩序根本性改革很难，但是变革每天都在发生。

经济学研究需要植根实践

理论来源于实践，经济学也不例外。作为对实践的总结、概括和抽象，经济学理论都有其时代特征和特定的国情背景。我们既要承认经济学理论的一般性，也不能忽视其特殊性。从这个角度讲，经济学不是没有国界的。只有植根于实践的理论创新，才能对实践起到指导作用。否则，就可能错误地应用理论，或者应用错误的理论。

丰富的经济实践是中国经济学理论创新的素材。过去人民币国际化，基本循着理论上的一般路径，先贸易后投资再交易再到储备，把人民币跨境使用做大。然而，由于人民币利率高，跨境使用成了套利的渠道，在贸易融资中人民币仅次于美元。而且，这种人民币跨境使用实际上国内外的资产置换，不划算。更为重要的是，中国是国际储蓄大国，人民币国际化要立足于提高中国国际储蓄的收益，使得我们能够直接用人民币在全球主动配置资产。因此，利率高而且国际储蓄大国的货币国际化，应该采取有别于一般的模式和路径，而不是按图索骥。

与人民币国际化相关的一个问题是人民币可兑换和资本账户开放。实现人民币可兑换一直是中国的目标，1993年就前瞻性提出来，也明确写进“十二五”规划，“十三五”规划还继续提。为什么一直没能实现呢？因为在推进的过程中发现很多问题，并不像理论上所说的，放开了就万事大吉。

主流理论认为，资本在国际间流动，能够提高全世界的福利，不仅仅给资本输出国发达国家带来利益，也会给资本输入国发展中国家带来好处。在主流理论影响下，资本自由流动成为了理所当然、不容置疑的理念。主流理论假设世界是同质的，如果世界是不同质的，发展中国家因为其货币不是国际货币，只能被动接受国际资本流入流出，那结果会是怎样呢？完全相反。在资本账户开放的过程中，没有一个发展中国家能够幸免于危机，20世纪八九十年代发展中国家GDP占世界份额下降，就是因为资本账户过度或不当开放带来的危机。2009年后中国对外开放效益下降，也跟对资本流入没有及时进行必要的管理有关。

主流理论还把国际资本流动和货币可兑换、资本账户开放画等号，从而让国际资本站到了道德制高点上。当发展中国家对资本流动进行管理时，就好像做了见不得人的事情一样。正因为如此，过去发达国家量化宽松造成大量热钱流入发展中国家，现在美联储加息，这些热钱往外走，一些国家试图管理时却发现几乎无能为力。实际上，可兑换是指允许本国货币持有者自由兑换，而本国货币持有者最初是本国人，因此可兑换的经济主体首先是本国的机构、企业和个人。一个国家没有责任和义务允许外国投资者、外国资本自由进出，是可以根据需要进行管理和把握开放进程的，以使得资本流动符合本国的利益和需要。对此，我们被主流理论“洗脑”，中国经济学研究也没能起到纠偏的作用。

中国经济学研究需要研究中国的问题。我们不排斥西方主流经济学，但要消化吸收、洋为中用，结合我们的国情，进行根植于实际的理论研究。随着世界经济重心的转移，经济学的研究中心也会转移。这是中国经济学研究的历史性机遇，学者有责任和使命去发展、引领经济理论。

（作者：丁志杰）

（来源：光明日报）

人民币国际化利好新兴经济体发展

近年来，人民币国际化快速发展，国际地位不断提升。人民币已成为全球第三大贸易融资货币、第五大支付货币和第六大外汇交易货币，被纳入特别提款权（SDR）货币篮子。数据显示，人民币在跨境贸易和直接投资中的使用规模稳步上升，在全球支付、国际债券发行、全球官方储备持有等方面的国际使用逐步扩大，人民币资本项目可兑换取得明显进展，人民币国际合作成效十分显著。

人民币国际化进程与新兴经济体发展是分不开的。人民币很早就在中国和周边新兴经济体的跨境交易中使用。20世纪80年代末，我国开放了多个边境城市，人民币逐渐作为结算货币之一被广泛使用于我国与周边新兴经济体的边境贸易。随着边境贸易规模的扩大，为促进边境贸易人民币结算发展、规范人民币跨境流动，1993年以来中国人民银行先后与8个毗邻新兴经济体的中央银行签署了边境贸易本币结算协定。

国际金融危机爆发后，新兴经济体对人民币的需求成为人民币国际化快速发展的重要动力。首先是双边贸易投资本币结算的需求。危机后，主要国际结算货币经历了汇率大幅波动，中国与其他新兴经济体的贸易多以美元等第三方国际货币计价结算，受汇率波动冲击很大。中外企业普遍希望采用包括人民币在内的本币作为双边贸易投资的支付工具，降低汇率风险和汇兑成本。其次是双边本币互换的需求。国际金融危机后，部分新兴经济体经历了资本外流和“美元荒”。这些国家和地区的货币当局需要更多的外币流动性以保持投资者对其币值的信心。2008年起，陆续有20多个新兴经济体提出与我国建立货币互换关系。

人民币国际化反映了新兴经济体整体实力和地位的提升。2000—2015年，以现价计算，新兴和发展中经济体在全球GDP的占比从20.3%上升至39.3%。2000—2015年，新兴和发展中经济体在全球贸易中占比由32.3%上升至46.1%。但是，新兴经济体货币地位并未等幅提高，2013年新兴经济体货币在全球外汇交易中占比不超过10%，前十大外汇交易货币中仅有人民币和墨西哥比索两个新兴经济体的货币。经济地位与货币地位的不匹配不会长期持续，货币国际化将在部分基本面较好、相关条件基本具备的新兴经济体率先取得突破。这也是人民币国际化快速发展的必然性所在。

人民币国际化助推新兴经济体发展，至少表现在以下三个方面。

促进新兴经济体之间贸易便利化。中国与其他新兴经济体的贸易联系日益紧密，已成为新兴经济体贸易网络的重要节点。2014年，新兴和发展中经济体（不包括转轨国家）对华贸易金额约为4.6万亿美元，占其贸易总量约38%。在这些贸易中扩大本币的使用，能降低因使用第三方货币（如美元）带来的汇率风险和汇兑成本，为双方贸易企业带来便利，推动贸易发展。

促进中国对其他新兴经济体直接投资便利化。近年来，中国对外直接投资快速增长。2012—2015年，中国对外直接投资年均增速为15.2%。今年一季度，我国对外直接投资同比增长55.4%。其中，投向新兴和发展中经济体的部分增长较快，对拉动这些国家和地区经济增长起到了重要作用。国际货币基金组织2014年《溢出效应报告》指出，1990年以来，亚洲国家之间的跨境直接投资快速增长，其中1/3归因于中国，尤其是蒙古、缅甸、柬埔寨和越南等中低收入国家接受中国直接投资较多。同时，在中国对新兴经济体直接投资中扩大人民币的使用，能有效提高投资便利性，形成人民币“资本项下流出、经常项下回流”的格局。今年1—2月份，对外直接投资人民币收付金额为1947.5亿元，同比增长2.2倍。未来可鼓励企业设立人民币对外投资产业基金，支持企业走出去开展绿地投资、并购投资等业务。

人民币成为全球流动性的补充，有利于维护新兴经济体金融稳定。国际货币体系长期存在“主权货币冲突”的内在缺陷，即储备货币发行国既可能因抑制本国通胀的需要而无法充分满足全球经济不断增长的货币需求，也可能因过分刺激国内需求而导致全球流动性泛滥。随着美联储进入加息周期和全球经济持续增长，全球流动性趋紧，可能导致新兴经济体出现类似2009年的“美元荒”，甚至导致部分国家出现剧烈的金融动荡。国际储备货币多元化是应对全球流动性紧缩、克服“主权货币冲突”的发展方向之一。人民币已经具备补充全球流动性的潜力。通过双边本币互换、区域金融安全网等安排，中国与其他国际储备货币发行国一道可为其他新兴经济体提供流动性支持，有效缓解新兴经济体流动性紧缩和金融市场压力。

（作者：姚余栋）

（来源：人民日报）

人民币汇率市场化改革方向不会改变

编者按

在国内经济走势、海外市场变动等多重因素影响下，近期，我国金融市场出现了一定的波动。对此，国内外舆论高度关注，并有不少疑虑。为回应上述热点，本报记者特地采访了部分权威专家，以及相关部门负责人，分别从汇率改革、宏观审慎管理、货币政策调控、银行化解“不良”等方面进行系列解读，希望对读者有所启发。

针对人民币汇率改革方向问题，中国人民银行行长周小川在2016年1月人民银行工作会上强调，将进一步完善市场化汇率形成机制，保持人民币汇率在合理均衡水平上的基本稳定。这一表态表明，中国汇率市场化改革的方向没有改变。

去年8月11日人民币汇率中间价形成机制改革以来，人民币汇率经历了一轮快速调整，出现了较大波动。此后，2015年12月的第二周，人民币兑美元即期汇率和中间价均创下逾4年新低。有人担忧，汇率改革会停滞不前。“‘811汇改’可视为对人民币兑美元汇率的一次校正，但这种校正不太可能常态化。”交通银行首席经济学家连平表示。

对于“811汇改”以来人民币汇率的两轮波动，招商证券研究发展中心宏观研究主管谢亚轩认为，运行正常的外汇市场也会出现超调，更何况长期适应对美元稳定升值的国内外汇市场。2014年后半期开始，美元升值较多，欧元和日元都大幅贬值。人民币则基本跟随美元，对美元贬值幅度有限。相对而言，人民币积累了一些贬值压力，这也是“811汇改”以来，人民币汇率调整的内在压力。

人民币汇率的短期波动并不会形成趋势，更不会改变我国汇改的大方向。“汇率形成机制肯定会向市场化的方向继续改革，这点是毫无疑问的。”在人民币加入SDR后，央行副行长易纲也曾如此强调。

从2005年7月央行宣布人民币汇率形成机制改革至今，汇改已走过了超过10年的历程。10年多来，人民币汇率弹性不断增强。2005年7月21日，汇改之初，银行间市场人民币兑美元汇率日间有管理的波幅为中间价的上下0.3%，2007年扩大到上下0.5%，2012年进一步扩大至上下1%，随后，2014年3月扩大至上下2%。波动幅度的逐步扩大对于市场主体来说也是好事。“就如同只有通过游泳才能学会游泳一样，没有波动，市场主体怎么会调整行为，去适应浮动汇率呢？”谢亚轩说。

汇改的方向和趋势不变，但用周小川的话来说，我们得“有耐心”。汇改的推进不可能一蹴而就，尚需一系列政策、机制和市场条件。

“汇率不单纯是个国内问题，更是两个经济体之间，甚至是多个经济体间的事情。”谢亚轩认为，要考虑中国作为经济研究意义上的“大国”，对其他国家有反馈影响，或者是说具有外溢效应。

对外来说，汇改需要考虑的是尽量减少负面溢出效应，不在国际上造成相互叠加的影响；对内来讲，需要防止国内各个金融市场之间的交叉感染和相互冲击，防止出现系统性风险。

近期我国金融市场的波动，尤其需要我国进一步加强对风险防范的重视，国内股市、债市、汇市、货币市场之间也有相互溢出的冲击。连平表示，一旦人民币趋势性大幅贬值，容易形成“蝴蝶效应”，带来股市和汇市非理性的联动。这不仅不利于我国经济转型和产业升级，甚至有可能导致系统性金融风险。正因如此，周小川强调，改革要有窗口选择，讲求时机、配合和操作技艺。

国际国内市场对于汇改的另一质疑是，央行在外汇市场的操作是否违背了汇改市场化的方向？周小川强调，人民币汇率改革的方向仍旧是以市场供求为基础，参考一篮子货币，实行有管理的浮动汇率机制。

市场并非总是万能。对外经贸大学校长助理丁志杰认为，“有管理”并不意味着政府要取代市场，而是如何更好地让市场在汇率的形成机制中发挥重要作用。

在可预见的未来，保持人民币对一篮子货币的基本稳定，仍将是人民币汇率形成机制的主基调。

（作者：陈果静）

（来源：经济日报）

人民币加入SDR的积极意义及潜在挑战

2015年11月底国际货币基金组织（IMF）决定将人民币纳入特别提款权（SDR）的货币篮子，成为继美元、欧元、日元及英镑之后被纳入SDR货币篮子的第五种货币，此举引发国际社会的广泛关注，国内外对此进行了多方评论。然而，SDR从1969年创建至今已经运行46年，其间大部分时间都是低调运行，SDR在业界的影响十分有限，美联储前主席伯南克认为，人民币加入SDR货币篮子只具有象征意义。如何客观评估人民币加入SDR货币篮子的影响？这不仅需要进一步厘清SDR与人民币的关系，还应从深层次上探讨人民币纳入SDR货币篮子后的积极意义及潜在挑战。 IMF将人民币纳入SDR货币篮子是提升SDR稳定性的客观诉求

追溯SDR的发展历史，可以发现SDR的出现并非偶然。20世纪60年代，美元爆发两次危机倒逼世界各国寻求更加稳定的国际货币。1969年创建的SDR与黄金保持固定的兑换关系，SDR曾经被称为“纸黄金”，一度被认为是解决美元不稳定问题的重要举措，公众期待着SDR发展成为比美元更加稳定的有竞争力的国际储备资产。然而，如果推动SDR朝着既定的方向发展，将影响美元的霸权地位，因此，美国并不热心推动SDR，SDR到目前为止仅仅只有2800亿美元左右的规模。

伴随着近年来中国经济规模的持续增长及对外贸易的大幅扩张，人民币已经在双边或者多边领域扮演越来越重要的角色。人民币贸易结算、沪港通、离岸中心的全球布局等战略的稳步实施，促使人民币在国际经贸领域的支付、融资等方面的地位越来越重要，近年来人民币相比其他大国货币呈现出稳步升值的特征。如果SDR不考虑将人民币纳入其货币篮子，那么SDR相

比其他大国货币更具竞争力的特性将难以保持。对此，IMF在2010年开始讨论将人民币纳入SDR货币篮子的问题，这是保持SDR竞争力的客观诉求，也是提升SDR影响力的重要手段。

当然，将人民币纳入SDR货币篮子也要求人民币满足其特定条件。如果人民币无法满足贸易大国及货币自由使用等条件，那么盲目将人民币纳入SDR的货币篮子反而可能影响SDR的计价。而且，如果中国金融市场化程度很低，那么基于包括人民币在内的货币篮子测算得出的SDR价值可能出现有偏性。中国政府为了促使人民币更加顺利地加入SDR的货币篮子，今年以来着力降低金融资本跨境流动的门槛，同时极力推进资本账户可兑换、利率市场化、汇率市场化等改革，促使人民币各项指标更加符合或者更加接近IMF的相关标准，因而IMF才可能在今年将人民币纳入SDR的货币篮子。

不要高估人民币纳入SDR货币篮子对人民币国际化的作用

可以说，人民币纳入SDR货币篮子是保障SDR稳定性的重要举措，也预示改革开放以来人民币等中国金融改革得到了IMF的认可，但不能因此得出人民币国际化大幅提升等重要结论。客观来说，SDR并非是一国货币国际化的直接原因，否则非国际货币发行国就可以通过让其货币加入SDR货币篮子而实现国际化。澳大利亚货币及加拿大货币都没有进入SDR货币篮子，但这两个货币都是国际货币，预示货币进入SDR并非该国货币国际化的充分条件，也不是必要条件。

人民币进入SDR货币篮子最直接的影响是增强了世界各国对人民币的信心，中国的金融改革得到了IMF的官方认可，同时也为全球传递了重要的信息，那就是未来人民币等相关市场化改革仍将持续，因为SDR要求相关的篮子货币遵循市场原则，否则可能会由于影响SDR的稳定性而被淘汰出货币篮子。从这个角度看，人民币纳入SDR货币篮子有助于稳定市场对人民币的预期，有助于提升人民币在国际货币体系中的竞争力。

虽然人民币纳入SDR货币篮子对人民币有积极作用，但不能高估其对人民币的积极影响。从竞争力来看，如果人民币加入SDR货币篮子促使SDR成为比美元、人民币等更加稳定的储备单位，那么伴随着SDR的发展强大，各国的储备资产及支付结算将逐步由主权货币转向SDR，由此将倒逼主权货币的国际货币功能的逐步退化，这与当前中国倡导人民币国际化的目标可能是矛盾的。同时，SDR的发展强大也将影响美元、欧元等国际货币的地位。从这个角度看，美国、欧洲等国际货币体系主导者也不会支持SDR的较快发展，因此，短期内借助SDR的深化使用来提升人民币的影响并不现实。

观察国际货币体系的演变历史，各国货币能否成为国际货币归根到底是市场选择的结果，而不是通过加入SDR货币篮子或者其他政策手段来推动。尤其是自从货币与黄金等实物脱钩以后，各国货币汇率波动显著加大，一国货币能否成为国际货币的核心在于货币稳定性及宏观经济的持续健康发展。美元自20世纪70年代以来之所以能够保持强势地位，尽管与石油美元结算等因素有着重要关系，但客观上还在于美国强国经济的保持及美元相比其他货币更加稳定的事实。人民币未来能否较快提升国际化水平，不是通过加入SDR所能实现的，而是如何继续保持中国经济的持续发展及人民币的币值稳定。从这个意义上看，不宜过高期待借助加入SDR货币篮子来大幅提升人民币等货币国际化水平。

警惕人民币加入SDR货币篮子所滋生的风险

在肯定将人民币加入SDR货币篮子积极作用的同时，更应看到由此可能引发的风险。按照IMF的计划，2016年10月正式将人民币纳入SDR货币篮子，届时人民币成为测算SDR每天价值的重要货币之一，人民币汇率及利率波动将开始影响SDR。由于SDR是IMF成员之间在IMF储备的记账单位，SDR必然要求包括人民币在内的所有篮子货币的波动尽量少或者免受政府干预，因而人民币利率、汇率市场化等改革将成为重中之重。虽然此举有助于倒逼中国金融开放体系的更快构建，但也可能由于金融体系不完善而滋生潜在的风险。

从利率角度看，人民币纳入SDR货币篮子后要求人民币利率更加市场化，也意味着政府以后的利率调控空间可能缩窄。目前虽然中国已经完全取消存贷款利率上下限管理，未来伴随着利率市场化曲线形成等方面的机制建设的进一步完善，利率将逐步接近自由浮动的市场化水平。然而，利率市场化潜在的风险并未完全释放，重要原因在于当前较为宽松的货币环境促使商业银行等金融机构资金较为充裕，商业银行存款或者市场资金拆借等利率都没有明显的上行压力，但未来如果通胀压力上升，那么货币政策的缩紧可能引发商业银行等主要金融机构抬高利率而竞争资金，尤其是小型商业银行可能由于其风险相比大银行高而面临存款利率大幅上行的问题，由此可能加大商业银行等负债成本，促使商业银行面临经营困境，不排除部分小型商业银行面临经营难以持续的风险。

从汇率角度看，人民币纳入SDR货币篮子后可能继续倒逼其市场化改革进一步提速，但人民币汇率是否已经接近均衡水平仍然有待观察。目前还较难判断人民币汇率是否已经处于均衡水平，如果未来为了保持在SDR货币篮子中的竞争力，人民币汇率市场化改革需要进一步推进，那么人民币汇率可能存在不确定性的风险。2015年8月人民币汇率改革时所引发的汇率波动预示人民币汇率风险不容低估，人民币纳入SDR货币篮子所滋生的汇率风险应受到重视。

从系统性风险来看，人民币纳入SDR货币篮子可能引发资本跨境更大规模流动，进而通过影响股市、楼市等渠道而增大系统性风险。2015年6月份以来的股市波动及8月份的汇率市场波动都警示中国防范金融风险的能力须进一步提升。如果未来国内外环境发生较大波动，那么股市或者房地产等市场的资金可能加速跨境流动，这对金融市场及宏观经济将构成负面影响，而在当前依然实施功能性分业监管的情况下，资金跨境大幅流动所引发的系统性风险不宜低估。

（作者：陈建奇）

（来源：学习时报）

“波动”难挡人民币国际魅力

进入2016年以来，“波动”逐渐成为国际金融市场的关键词，原油、黄金、债券、外汇、股票等投资标的价格纷纷出现大幅波动。但值得注意的是，这种“波动”似乎并未阻挡人民币魅力四射。俄罗斯第二大银行俄罗斯外贸银行（VTB）就表示，鉴于人民币需求“如此之大”，该行正考虑扩展人民币业务。专家指出，国际市场波动本质上反映了世界经济复苏仍旧艰难，尽管人民币自身在这一大背景下也有震荡，但其长期吸引力正获得越来越多的认可。

震荡中凸显真实价值

美联储加息态度转向暧昧、日本日经平均指数跌至16个月最低水平、德意志银行次级债券持有成本大增……在全球华人欢度农历猴年春节之际，国际市场却接二连三地迎来“冲击波”。

不过，与空头将在春节期间“突袭”人民币的传言相反，外围市场的大幅震荡反而让很多交易者再次看到了人民币的真实价值。数据显示，离岸人民币连续多个交易日呈上涨态势，2月8日—2月12日共计上涨704个基点。

“从大环境来看，尽管2015年很多市场指标都屡创新高，但事实上世界经济的恢复情况并不理想，依然没有从根本上走出2008年金融危机的阴霾，甚至呈现出不少金融危机前的特征。可以说，近期外围市场的大幅波动就是对这一现实的总体反映。”中国国际经济交流中心副研究员张焕波在分析近期国际金融形势时告诉本报记者。

中国人民大学财政金融学院副院长赵锡军认为，目前全球经济处于一个比较复杂的状态，有些国家有一定复苏，但大部分国家复苏得并不是特别好，甚至有些国家还面临较大困难，因此各国出于自身考虑出台了不同的政策。这就导致全球投资者的心理状态很不稳定，市场资金的流动漫无目的，从而使得市场波动加大。

未来升值预期稳定

那么，国际市场波动在多大程度上影响了人民币呢？专家指出，前期人民币兑美元汇率的起落即是国际金融环境影响的一个生动写照，而如果从长期、宏观的角度来看，人民币作为国际上重要的储备和结算货币，其优势不仅不会因这种波动改变，反而可能更加凸显。

“一方面，中国经济在未来相当一段时间内仍会保持中高速增长；另一方面，海外以人民币计价的投资产品及其衍生品正在迅速丰富，投资渠道也将不断完善。因此，尽管短期外围市场波动确实会对人民币形成一定的贬值压力，但人民币国际化的优势依然明显，中长期升值预期稳定。”张焕波分析。

中国社科院金融研究所所长王国刚的观点与张焕波类似。他认为，人民币加入SDR（国际货币基金组织特别提款权）后，国际贸易、国际金融和其他国际经济活动中以人民币为标价货币和交易货币的空间大为提高；同时，以人民币标价的国际金融产品创新的步伐开始加快，境内中资机构在海外发行人民币证券（如债券、股票和其他证券）的可行程度大大增加。

对于“波动”，中国人民银行行长周小川日前也指出，相比其他国家货币，人民币汇率过去若干年的波动性几乎是全球最小的，这给国内国际市场造成人民币就应该特别稳的不切实际的预期。现在人民币汇率稍微动一下，就容易引发外界关于溢出效应的强烈反应。在周小川看来，过分渲染中国的溢出效应，确有不公平之处。

看趋势不宜过急

从宏观来看，人民币的舞台确实越来越大。环球同业银行金融电讯协会（SWIFT）的最新数据显示，2015年12月人民币稳居全球第五大支付货币宝座，在全球支付总量中占2.31%，市场份额较2015年11月的2.28%与10月份的1.92%继续提高。

而在微观上，人民币也正在成为一些国家打造金融中心的重要着力点。例如，卢森堡已从欧元区人民币国际化业务的中心成长为推进全球人民币投资的领先金融中心，其点心债发行量傲视欧洲。与此同时，阿联酋和卡塔尔等国也在很短时间内就跻身使用人民币支付最积极的国家之列。

“从日元、马克等货币的经验来看，人民币国际化之路不可能一帆风顺。改革开放30多年来，中国从向世界提供商品转变为世界提供货币，人民币也将发展为多极货币体系中的重要组成部分，但这并非是要取代美元。所以，对于人民币国际化不宜求之过急、期望过高，既要客观分析其优势，也要理性看待其自身和内外环境的波动。”张焕波说。

多位专家指出，人民币魅力与日俱增的最根本原因还是在于中国经济相对较好的表现和巨大的发展潜力。未来，随着创业创新、新型城镇化、制造业升级、全面深化改革等潜能的释放，人民币有望在中国新经济的支持下拥有更强的“磁场”。

（作者：王俊岭）

（来源：人民日报海外版）

人民币对美元汇率波动怎么看

央行研究局首席经济学家：汇率形成机制已不是盯住美元，但也不是完全自由浮动。

新年第一周，人民币对美元汇率连续下跌，中间价跌破6.5关口。虽然1月11日人民币对美元汇率中间价报6.5626，较前一交易日上涨10个基点，但在美元走强当下，对人民币的汇率形成机制，市场上有各种不同的理解。

人民币对美元汇率变化不会单方向

“目前人民币的汇率形成机制已经不是盯住美元，但也不是完全自由浮动。”中国人民银行研究局首席经济学家马骏在接受本报记者采访时谈到，加大参考一篮子货币的力度，即保持一篮子汇率的基本稳定，是在可预见的未来人民币汇率形成机制的主基调。

过去，市场主要关注人民币对美元汇率，这样盯住单个货币会导致对整个国家外贸竞争力的大幅波动，加剧国际收支的不平衡，也会导致更多的套利。不干预的完全浮动是理想境界，而我国受金融市场发展阶段的限制还不具备这个条件。

马骏表示，更加成型的对一篮子货币的参考机制，将涉及一系列安排，包括引导市场测算保持一篮子汇率稳定所要求的人民币对美元汇率水平，要求做市商在提供中间价报价时考虑稳定篮子的需要，和央行在进行汇率调节时维护篮子稳定的策略。实施这种形成机制的结果，就是人民币对一篮子货币的汇率的稳定性将增强，而人民币对美元的双向波动将会加大。马骏强调，在参考一篮子的汇率体制下，人民币对美元汇率的变化不会是单方向的。同时，建立一个比较透明的、有市场公信力的一篮子汇率机制，有助于稳定市场预期，让更多的市场参与者“顺应”一篮子货币的目标进行交易，从而有效地减少央行干预的频率和规模。他认为，当市场充分理解了参考一篮子的汇率形成机制之后，预期就会趋于稳定，做空人民币的压力也会下降。市场预期趋稳之后，包括经常项目顺差和人民币利率高于外币利率等积极的基本面因素就会在人民币汇率形成过程中发挥更大的作用。

不必过于担心货币政策独立性问题

马骏透露，目前，在决策层面已经形成了更多参考一篮子货币的共识，中间价的定价机制也开始引入稳定篮子的因素。我国将形成以稳定一篮子汇率为主要目标、同时适当限制单日人民币对美元汇率波动的汇率调节机制，未来还可引入根据宏观经济走势让汇率对一篮子适度走强或走弱的机制。

针对最近有些市场人士通过观察两日中间价的变化来判断央行的意图，马骏认为这是一种误解。中间价是做市商在前一日收盘价基础上参考一篮子汇率变化等因素报价形成，因此市场人士应当主要看中间价与收盘价的价差和篮子汇率变化的关系。

他表示，在汇率形成机制的改革中，会明显强化一篮子货币的参考作用，但不会严格盯住一篮子。未来，对一篮子机制的设计也可包括一个根据宏观经济走势对一篮子逐步爬行的机制。由于不是严格盯住一篮子，所以不必过于担心由此导致的货币政策独立性问题和套利风险。另外，印度、韩国等国和我国台湾等地区都参考一篮子货币，也并没有表现出明显的丧失货币政策独立性的担忧。

专家认为居民理财没必要跟风

很多居民看到人民币贬值，便急着去换汇。对此，兴业银行资金营运中心总经理助理林远洲认为，这必须考虑本外币资产的实际综合收益率和自身资产状况，不能因为人民币短期内波动就跟风抢购美元资产，到头来可能会得不偿失。

对于有旅游、留学、购物等实际需求的居民来说，中国银行金融市场部高级交易员胡刚建议，在需要的时点或时点之前，价格较为有利的时候可以选择换汇。但需注意的是，大部分居民换来美元都是存在账户中，或是持有在手上，这期间的利息很少甚至是没有利息收入的。

而从收益的角度看，对于一些高净值客户，有一定财力的话可能会选择投入风险较高的美国股市或楼市，但由于其价格波动风险较大，收益并无法保证，存在很大不确定性。对于一般居民来说，当前美元理财产品的收益并不高于同期人民币理财产品的回报，一般在1%—2%，但大多人民币理财产品都高于3%。

“人民币汇率有升有贬，是人民币汇率市场化的正常表现。”林远洲表示，当前，尽管我国经济下行压力较大，但从全球横向比较看仍属较高水平。从购买力评价的角度，长期来看，人民币不具备大幅度、长时间持续贬值的基础。

（作者：王观）

（来源：人民日报）

人民币汇率短期波动不代表趋势性贬值

我国外储的调整与“一带一路”建设、企业避险需求等因素有关，这有助于我国对外经济结构的转型和调整；人民币汇率短期波动不应视为人民币趋势性贬值，完整地判断汇率波动应该更多看市场供求和国际收支；短期看，美元加息对跨境资本流动会有短期的扰动，但从长期来看，我国国际收支和跨境资本流动应该是稳健的。

2015年12月10日，国家外汇管理局召开2015年第四季度政策新闻发布会，针对大家关心的外汇储备下降、跨境资金波动和内地香港基金互认等问题，外汇局相关负责人回应了市场的疑惑。

外储适度调整利于经济转型

中国人民银行公布的最新数据显示，2015年11月我国外汇储备降至34383亿美元，比10月下降872亿美元。而在10月，外汇储备一度企稳，单月增加114亿美元。

“外汇储备的适度调整对国家战略布局是有利的。”国家外汇局综合司司长王允贵表示，目前我国既要推动贸易便利化，也要推动投资便利化，外汇储备的调整和“一带一路”建设下的企业“走出去”相关，这有利于我国对外经济结构的转型和调整。

在“一带一路”建设指引下，外汇储备按照多元化经营，参与了一些“走出去”项目的融资。王允贵介绍，这些融资按照国际货币基金组织关于外汇储备的定义，也会从外汇储备规模内调整至规模外，这是正常的。值得注意的是，当国家外汇储备资产下降时，民间的对外资产金额在增加。也就是说，央行的外汇储备资产减少了，民间的外汇资产变多了，变成了个人和企业在海外拥有的资产。王允贵认为，这也有利于我国“走出去”战略的平稳运行。

另一影响外汇储备的因素是企业的避险需求。过去一段时间，由于美元的强势，造成了人民币的相对弱势。部分企业机构为了避险，做了一些套期保值，同时也加快了外债购汇还债还贷等动作。但从目前情况来看，这些都在外汇管理政策的容忍范围之内。

此外，外汇储备中的非美货币折算的账面损失也使得外汇储备看起来少了。外汇储备篮子里并不全是美元资产，还有欧元、英镑、日元等其他货币资产。受美元强势影响，这些货币在11月份兑美元都出现了比较大的贬值。2015年11月末，欧元兑美元较10月末贬值了4%，英镑兑美元贬值2.4%，日元兑美元贬值2%。“这导致储备资产中非美元货币资产出现了以美元计价的账面损失。”王允贵解释，反过来，此前美元贬值时，储备资产也有增值的情况。

美元加息对跨境资本影响很小

“美元加息对跨境资本流动有影响，但不会非常显著。”王允贵表示。

美联储将于下周举行政策会议，市场普遍预期此次美联储很可能会加息，美元加息对全球跨境资本流动将会产生一定的影响。

王允贵认为，美元加息可能会导致美元的升值，接着会带来其他货币对美元的贬值压力，其中也包括人民币。在此情况下，部分跨境资金可能会进行境内和境外两个市场的双向操作，这是市场化的合理选择。

“短期看，美元加息对跨境资本流动会有短期的扰动，但从长期来看，我国国际收支和跨境资本流动应该是稳健的。”王允贵强调，随着中国经济的双向开放，中国企业的竞争力会越来越经得起国际的检验。同时，我国国际收支结构应该会保持长期相对比较稳健的水平。

另一个备受关注的话题是人民币汇率。近日，人民币对美元汇率连续走低，引发了市场对人民币汇率会不会持续贬值的担忧。对此，国家外汇管理局国际收支司副司长王春英表示，现在市场对人民币汇率波动的容忍度还不太够，希望市场多看人民币对一篮子货币的多边汇率和更长期的走势，不主张大家将人民币对美元双边汇率的短期波动视为人民币趋势性贬值。

“我国的经济和市场的基本面是稳健的，不存在人民币汇率长期贬值的基础。”王允贵认为，汇率波动既反映国内供求，也反映国际金融市场的变化。2015年11月以来，人民币对美元走低，主要是源于美元走强。

完整的判断汇率波动应该更多看市场供求和国际收支。目前，我国国际收支非常稳健，全年有超过5000亿美元的贸易顺差和1000多亿美元的外商来华直接投资。“汇率双向波动是汇率形成机制市场化改革的正常结果。”王允贵强调。

（作者：陈果静）

（来源：经济日报）

幻想人民币大幅贬值不现实

2016年2月26日的上海格外引人注目。20国集团（G20）的财政部长和央行行长齐聚黄浦江畔，共同讨论如何应对全球经济增长、风险防控、利率汇率等问题。正如外界预计的那样，人民币汇率再次吸引了无数的聚光灯。有趣的是，一些认为“人民币币值被明显高估”的金融机构和分析师呼吁，G20应该协商促使人民币一次性大幅贬值到足以“稳定全球金融市场并促进经济增长”的程度。对此，多位专家指出，尽管如今人民币短期波动大于以往，但人民币并不具备持续贬值的基础，指望推动人民币贬值以刺激经济亦不符合中国经济转型升级的内在规律，因此所谓“协定”只是一种不切实际的幻想。

内外形势今非昔比

“议程上并没有这一话题。”面对让人民币贬值的提议，中国财政部长楼继伟早在G20会议开始前便给出了明确的回复。

2016年2月26日，中国人民银行行长周小川在记者会上亦表示，目前多个国家采用竞争性贬值来赢得出口竞争力，但中国历来的观点是反对竞争性贬值，反对用贬值赢得出口竞争力的这种方式。周小川说，中国去年净出口数量还非常大，货物贸易的顺差接近6000亿美元，所以中国不会参与用竞争性贬值来增强中国的出口能力。

事实上，和1985年美、德、英、法、日5国就允许美元贬值达成“广场协议”的时候相比，如今各国所面临的世界经济形势与国际格局亦大有不同。有分析人士指出，当前各国经济彼此交织、相互影响，一枝独秀有可能出现，但是不会持久。同时，如今G20成员性质更多元、更平等，其中不乏中国、巴西、土耳其等有影响力的新兴经济体，因此要想让G20达成共同干预汇率这样的共识，难度远高于30年前关系密切的“G5”会议。

上海市社科院世界经济研究所研究员徐明棋在接受本报记者采访时指出，2005年以来人民币积累了不少升幅，劳动力成本上升也较快，如今人民币确实存在一定程度的回调压力，这在当前部分国家货币竞争性贬值的背景下显得较为明显。但如果据此认为人民币需要大幅贬值或必将大幅贬值，则显然不够严谨。

“一方面，‘存在高估’不能简单等同于‘严重高估’；另一方面，在讨论是否有必要人为地诱导人民币‘一次性大幅贬值’时，还需要全方位地权衡利弊。”徐明棋分析。

转型踏好“中国节奏”

针对人民币贬值可能带来的影响，专家表示，尽管在传统理论看来，本币贬值可以在短期内刺激出口，但在世界经济整体疲软的大环境下，外需本身就不足，货币贬值对于外需的拉动效果也将画上一个问号。

“其实，人为促使人民币贬值对我们反而有很多负面影响。比如，现在不少中国企业在‘走出去’时使用外币借款的项目越来越多，人民币贬值将会恶化其资产负债表；再比如，人民币贬值还可能导致资本外流，且对人民币国际化进程产生不利影响。此外，刻意追求人民币贬值也会引起一些贸易伙伴的反弹，不利于整体国际经济环境的改善。”徐明棋说。

从“大众创业、万众创新”到供给侧结构性改革，从“创新、协调、绿色、开放、共享”五大发展理念到“去产能、去库存、去杠杆、降成本、补短板”五大任务，再从重大领域工程包到新型城镇化……事实上，面对经济转型升级过程中的下行压力，中国有着一套涉及面广、针对性强、可行性佳的“系统性解决方案”，并不会把希望寄托在“货币贬值刺激出口”这一简单的传统模式上。

对于“中国节奏”下的转型成果，《日本经济新闻》日前刊文给予了积极评价。文章列举了阿里巴巴、腾讯、大疆创新等民营企业的成功案例，并援引国际研究组织“全球创业观察”的调查结果指出，中国的成年人中有13%—24%的人要么是在准备创业，要么是创业42个月以内的早期企业家，创业情况可以说非常活跃。

长期坚挺基础牢固

既然中国不主动打货币战，那么人民币又会否被动地大幅贬值呢？消费对GDP的贡献率达到66.4%，单位GDP能耗同比下降5.6%，2015年技术改造投资达9.5万亿元，56家中国的制造企业进入世界500强……一组组数据背后，是中国经济正在跳动的新生脉搏。

学者普遍认为，人民币的坚挺程度从根本上取决于中国经济的发展态势和外界信心，尽管中国经济短期存在转型阵痛，但中国经济发展长期向好的基本面没有变，经济韧性好、潜力足、回旋余地大的基本特征没有变，持续增长的良好支撑基础和条件没有变，经济结构调整优化的前进态势没有变，这些都是人民币汇率稳定的“底气之源”。

央行相关负责人在谈及未来货币政策时也表示，中国将继续实施灵活适度的稳健货币政策，保持流动性合理充裕和社会融资总量适度增长，货币政策是处于稳健略偏宽松的状态，还要不断观察、适时动态调整。与此同时，该负责人还指出，目前中国经常项目顺差仍较高，而通胀则较低，经济保持中高速增长，国际竞争力仍很强，因此人民币汇率不存在持续贬值的基础。从中长期看，人民币汇率的走向亦将反映经济基本面。

“目前央行的调控是有效、得当的。未来，还应继续做好三方面工作：一是适当经济新常态，进一步向大众普及以一篮子货币作为参考指标，理性看待人民币短期波动；二是在开放资本账户的同时加强监控，有效监管投机行为；三是继续发挥金融在实体经济结构性调整方面的作用。”徐明棋建议。

（作者：王俊岭）

（来源：人民日报海外版）

人民币国际化拓展金融市场空间

“十三五”规划建议提出，要扩大金融业双向开放，有序实现人民币资本项目可兑换。2015年12月1日，人民币获准纳入国际货币基金组织特别提款权（SDR）货币篮子，人民币国际化进入新的阶段。而随着利率市场化、汇率形成机制和资本账户开放等方面不断深化改革，我国金融市场也将焕发出新的生机与活力。

首先，人民币支付结算功能体系的不断完善和资金成本优势将促进货币市场稳步增长。2015年10月8日，中国人民银行宣布人民币跨境支付系统（一期）成功上线运行，人民币跨境支付系统将为境内外金融机构人民币跨境和离岸业务提供资金清算、结算业务。这一金融基础设施的建立将极大便利跨境人民币业务处理。2014年以来，我国整体利率水平持续下行，境内外息差明显缩窄，离岸利率与境内利率的差距逐渐缩小。2015年10月，同业拆借和质押式回购月加权平均利率较上月分别下降6个和8个基点。不断完善的支付结算功能体系和具有竞争优势的资金成本将为质押式回购、买断式回购、同业拆借等货币市场业务和交易的活跃奠定基础。

其次，随着资本账户逐步开放，国内债券市场将进一步吸引境内外投资者。相比其他国家债券市场而言，我国债券市场具有收益率较高、期限较长、流动性较好等特点。2015年10月，我国在英国伦敦发售50亿元人民币离岸人民币债券。这一批基准利率拟定在3.3%左右的1年期人民币债券，是我国央行第一次发售海外债券。此外，加入SDR之后，人民币作为国际第五大常用货币，将成为境外债券资产的重要配置来源，境外人民币资产池规模也将顺势扩张，国际投资者持有人民币资产的需求将提升。

此外，境外投资者的资本流入也将在一定程度上催生在岸人民币债券，如主权债券及准主权债券的长期需求，同时，也有望带动债券市场创新，丰富住房抵押贷款、资产支持证券、城投债、项目收益债、并购重组债等债券融资产品，为债券市场发展注入新活力。

再次，汇率形成机制市场化分步推进，为股票市场及金融衍生品市场发展带来契机。2015年8月，中国人民银行启动了人民币中间价形成机制改革，迈出汇率形成机制市场化的重要一步。对于股票市场而言，随着未来中国A股加入MSCI基准权重，资本账户的实际开放程度将提高，流入我国股市的资金也会明显提升。汇率机制改革，还将带动人民币跨境回流的RQFII和QDII实现规模上的扩展和制度上的突破，进一步推进资本市场双向开放，改进并逐步取消境内外投资额度限制，提升股票市场对外开放程度。

2015年10月初，中国人民银行明确境外央行类机构进入中国银行间外汇市场，可以通过中国人民银行代理、中国银行间外汇市场会员代理以及直接成为中国银行间外汇市场境外会员三种方式，开展包括即期、远期、期权在内的各品种外汇交易，且无额度限制。对于我国金融衍生品市场来讲，这意味着我国资本市场效率得到提升，将有利于降低资本流动限制，丰富人民币投资品种，通过参与全球资产配置有效地进行资产组合管理，选择合适的资产对冲风险。

当然，随着人民币国际化的推进和深化，人民币资本项目放开的进程将加快，以及央行对人民币汇率的干预将减少，这将会在一定程度上影响国内经济和金融的稳定。对此，我们也不能掉以轻心。

（作者：杨芮）

（来源：经济日报）

第五章

互联网持续发力，打造新亮点

以“互联网 +”推动经济创新发展

“十三五”规划纲要提出，实施“互联网+”行动计划，促进互联网深度广泛应用，带动生产模式和组织方式变革，形成网络化、智能化、服务化、协同化的产业发展新形态。当前，我国经济发展已进入新常态，经济增长的驱动力也正发生深刻的变革，要充分利用互联网技术在各产业中的渗透融合，促进各领域技术进步管理模式创新，优化经济运行模式和增长方式，推动经济发展走上创新驱动的轨道。

“互联网+”已经成为经济发展新动力

近年来，全国“互联网+”风起云涌，互联网日益与诸多行业、领域、业态融合，成为我国经济增长、结构优化的新动力。

其一，创造新产业。一方面，基于互联网基础上的新的业态和新的商业模式不断涌现。从制造业的智能制造到流通领域的电商，再到金融领域的众筹，还有网上医疗、网上打车、网上餐饮等各种服务业新行业。另一方面，催生新一代信息技术产业大发展。“互联网+”行动计划不仅推动了互联网与现代制造业、生产性服务业等的融合创新，还推动了云计算、物联网、大数据等新一代信息技术的创新和新一代IT、DT产业的发展，使新老产业相互促进竞相发展，极大地改变着我国经济的面貌。

其二，打造新业态。在“互联网+”新常态下，我国经济社会发展正从“要素驱动”转向“创新驱动”，“互联网+”传统行业更侧重采用互联网技术创新来驱动生产和变革流通。此外，“互联网+”向改造生产、产业协同纵深方向发展。在改造生产方面，调整生产管理经营，利用互联网“以用户为中心”的理念改造自身体制来适应互联网经营的需要。在产业协同方面，企业通过在供应链上的互联网化，逐步实现产业协同。

其三，增加新需求。比如，激发“互联网+”基础设施建设的需求；转变固有思维，使得消费需求多样化、个性化、复杂化。而且，互联网逐渐与日常生活相融合，使得供给与需求的方式发生了变化，“互联网+”的去中介化，让供给直接对接消费者需求，也更能满足消费者的需求。

其四，提高资源配置效率。一方面，“互联网+”改进了传统行业，如工业制造业、传统服务业的生产（服务）方式、组织形态和思维理念，拓宽了产品（服务）的销售渠道，最大程度释放了生产力，使其更好地满足市场需求。另一方面，“互联网+”还影响着政府的决策手段和决策方式。如在“数字城市”等信息化手段支持下，政府可以更准确地通过大数据发现经济社会发展需求，从而保障决策的科学性、及时性和有效性，推动经济稳步增长和结构不断优化。

其五，创造就业新空间。一是“互联网+”创造的新产业、新业态日益成为新增就业的“吸纳器”。二是由“互联网+”而带来的各类产业的公开化、网络化、信息化、大众化，颠覆了众多传统行业的商业和经营模式，降低了创业的门槛。在大量初创企业的支持下，“互联网＋”的服务业吸纳了大量剩余和新增劳动力，有利于经济平稳健康发展。

推动“互联网+”发展的对策建议

近年来，我国在互联网技术、产业、应用以及跨界融合等方面取得了积极进展，已具备加快推进“互联网＋”发展的坚实基础，但也存在基础设施水平有待提高、互联网企业的技术创新能力亟待提升、传统企业运用互联网的意识和能力不足、缺乏科学有效的监管等问题，亟待加以解决。为加快推动互联网与各领域深入融合和创新发展，需做好以下几方面工作。

第一，鼓励互联网企业为“互联网+”环境搭建开放的平台。在“互联网+”环境下，所有行业都会被互联网改变，但互联网进入各行业有着不同的进入方式，互联网在改变传统行业之前自身必须做出转变。当各种企业积极拥抱互联网时，一是大型互联网企业应搭建开放的平台，以便多方能够在此平台上深度协作、利益共享，打造产业生产系统，给传统企业发展提供突破“瓶颈”的各种资源。二是互联网企业还要对行业需求进行定位分析，从而不断完善平台的功能。三是互联网企业要遵照共享经济模式，在核心价值和制度层面建立起极致诚信，为“互联网+”创建共赢的局面，稳定经济的增长。

第二，引导“互联网+”传统行业向纵深方向发展。“互联网+”传统行业应侧重采用互联网技术创新来驱动生产和变革流通，实现人、物品、流程与数据通过互联网结合为一体，促使传统行业的转型。同时，“互联网+”应向改造生产、产业协同纵深方向发展。在改造生产方面，调整生产管理经营，利用互联网“以用户为中心”的理念改造自身体制来适应互联网经营的需要。在产业协同方面，企业通过在供应链上的互联网化，逐步实现产业协同，企业可以围绕自身业务形成自己的生态，或者融入互联网生态中。

第三，通过“互联网+”带动区域间协调发展。区域经济的发展应面向信息服务高端领域发展，一是采用企业与地方政府合作共建的模式，如贵州建立云计算中心，向全国提供云计算、云存储和宽带资源等服务；通过投资建设数据中心，大大提升贵州大数据相关产业的规模，有利于培养人才，完成大数据产业体系。二是加大西部地区互联网基础设施建设，如重庆开通互联网骨干直联点，提高了重庆电子商务类企业的网络营销竞争力，有助于中西部地区吸引集聚新兴产业，推动区域间协调发展。三是通过“互联网+”行动计划的实施大力发展互联网平台、物流配送等多功能、多服务、多业态为一体的现代化电子商务集聚地，以互联网优质的服务平台带动传统实体市场经营实现线上线下互动，推动区域经济快速发展。

（作者：王益民 丁艺）

（来源：经济日报）

互联网发展肩负更大的责任

习总书记亲自主持召开网络安全和信息化工作座谈会，不仅体现了中央高度重视网络安全与信息化工作，而且总书记的讲话必将对网络强国建设、网络安全和信息化工作起到里程碑式的推动的作用。

习总书记对互联网建设和信息化工作取得的成就给予了充分肯定，对整个互联网给予很高的期望。他强调十八届五中全会和“十三五”规划纲要提出要建设网络强国、发展“互联网+”等，互联网是新常态下新动力的重要组成部分，对推动整个经济发展、创新发展，推进整个经济结构的优化，脱贫攻坚、改善民生，推动国家治理能力和治理体系现代化都会起到非常大的作用。从这点来看，互联网发展肩负更大的责任，使我们对这个行业的发展更加有信心。总书记在座谈会上的讲话，有三点我印象非常深刻，感触很深。

第一，习总书记提到要尽快在核心技术方面取得突破。他谈到了要有决心、恒心和重心，三个心，我觉得印象非常深刻。他还强调要尽快明确目标、路线图和时间表，而且还专门谈到了重大专项要与经济社会发展的需求更紧密的结合。总书记在讲话中谈到要正确处理开放和自主的关系，只有与高手过招才知道差距，我们不拒绝任何新技术。结合我们正在进行的“新一代宽带无线移动通信网”重大科技专项，目前正在开展第五代移动通信（5G）的研发，我们正在组织产学研用的几十家单位开展5G的关键技术研发和参与国际的标准化工作。

移动通信的创新一直是在全球开放的环境下进行的，我们采取了新型的举国体制，在国内通过的重大专项支持下，构建标准化和研发的推进平台，一方面把国内的研发工作跟国际的标准化紧密结合；同时在国际标准化制定当中，积极发挥国内企业的作用。尤其是现在我们在推动的5G，更是在一个更开放的环境下进行，一方面国家重大科技专项，已经向外企开放。另外5G的推进组也已经对外企开放，包括现在进行的研发实验，从一开始也是邀请国内外的企业共同参与。

我们5G工作的目标非常明确，就是在国际标准化舞台上来推动形成全球统一的这个标准。回顾移动通信的创新历程，经过十几年努力取得了很大的突破，从“跟跑”逐渐到“并跑”。2G是跟随，因为2G我们国家技术和标准上几乎没什么贡献，但研发了系统和手机并大规模商用；3G是突破，提出了TD-SCDMA标准，完成研发产业化，而且做到了规模商用；4G基本同步，我们不管是标准、产品还是商用的时间跟国际上基本是同步的，而且现在我们国家4G用户已经是超过5亿，在全球，毫无疑问4G的用户规模最大，自主研发的4G芯片的占比超过10%，这都是在一个开放环境，而且是跟国际的大企业共同合作与竞争中推动的。

第二，习总书记在谈到发展和安全的关系时，特别强调发展和安全是相辅相成的，安全是发展的前提，发展是安全的保障，安全和发展要同步推进。要树立正确的网络安全观，安全是全局的不是割裂的，是动态的不是静态的，是开放的不是封闭的，是相对而不是绝对的，是共同而不是孤立的。加快构建关键信息基础设施安全保障体系，全天候全方位感知网络安全态势，增强网络安全防御能力和威慑能力。这对正确处理发展和安全的关系，非常有指导意义。

因为我们所处在这个行业，信息通讯行业或者说整个互联网也好，网络安全信息化也好，它具有很强的全球性，也就是说未来的技术和产业一定是大家共同来推动，面临的安全问题也是共同的。另外我们的自主研发，自主创新，比如5G，也是在国际平台上，我们有自己的贡献，同时其他的国家的企业有他们的贡献，大家共同构成一个产业生态。

第三，习总书记还谈到了增强互联网企业的使命感。随着我们国家的互联网企业不断壮大，跟老百姓的生活、工作，特别是与各行各业开始深度的融合，他们肩负的责任其实是越来越大的。

在这样的情况下，互联网企业应该承担更多的国家责任和社会责任。

在自身发展的同时，要规范管理、诚信经营、公平竞争，保护用户的个人隐私，防止虚假的信息、网络欺诈等等。政府也应该为企业创造良好的法律和政策环境。

（作者：曹淑敏）

（来源：求是网）

互联网：中国经济提质增效新动能

2015年12月11日，乐视网宣布，旗下公司乐视致新将以22.68亿港元购入TCL多媒体20%股份。这是继年中收购酷派集团股权后，乐视再度牵手传统产业巨头。而就在几天前，乐视超级汽车刚刚与拥有百年历史的英国汽车品牌阿斯顿·马丁签署了联合打造互联网汽车的备忘录。

从超级电视到超级手机，再到超级汽车，短短几年间，转型自视频网站的乐视已经凭借其“平台+内容+终端+应用”的生态模式，把科技、文化和互联网编织到了一起。在乐视控股集团董事长、CEO贾跃亭看来，互联网与消费电子的融合，将为中国互联网企业在全球范围内超越欧美日韩企业提供难得的机会。

同样致力于打造跨产业链开放式生态模式、用互联网颠覆和改造传统产业并构建全新商业模式的，还有百度、阿里巴巴、腾讯等国内互联网巨头。伴随着“互联网+”战略的逐步推进，以移动互联网、大数据、云计算、物联网为代表的新技术、新业态，正在成为中国经济的新动能。数据显示，今年上半年，我国在境内外上市的互联网企业总市值同比增长96.5%，12家互联网企业进入全球市值前三十强，创历史新高。

互联网正加速与诸多行业的深度融合

继淘宝、天猫平台“双11”成交912.17亿元，同比增长近60%之后，在刚刚落幕的“双12”购物狂欢节中，阿里巴巴、腾讯、京东等互联网企业又打起了“线下牌”。截至2015年12日17时30分，家乐福全国门店通过支付宝产生的交易额突破1亿元。而微信支付也联合全国近10万家商户门店共同推出了

“双12”优惠活动。

最新统计显示，在2014年整体规模12.3万亿元的基础上，今年1—10月，我国电子商务平台服务继续快速发展，收入同比增长24.5%，全年有望超过15万亿元。与此同时，中国还有逾6亿即时通信用户、近5亿网络视频用户，创造了一个近10万亿元规模的互联网支付市场、逾千亿元规模的网络游戏市场、逾千亿元规模的网络资本运作市场，每年网络经济营收规模近万亿元。

“当前，以互联网为代表的信息技术发展日新月异，并加速与诸多行业、领域、业态深度融合，成为塑造国家数字竞争力的重要因素。” 工业和信息化部部长苗圩说，十八届五中全会明确提出，实施网络强国战略，实施“互联网+”行动计划，发展分享经济，实施国家大数据战略，都离不开网络基础设施建设、信息通信业新的发展和网络信息安全的支撑。

我国移动电话用户突破13亿，移动互联网用户数达9.5亿

截至今年10月底，我国移动电话用户规模突破13亿，移动互联网用户数达到9.5亿户，其中，4G用户总数达到3.28亿户，占比超过1/4。互联网固定宽带接入用户达到2.12亿户。伴随着“宽带中国”战略的加速推进，我国宽带提速效果日益显著，8Mbps及以上接入速率的宽带用户总数超过1.33亿户，占宽带用户总数的比重达63%；光纤宽带用户总数达到1.1亿户，占比达到51.8%。

伴随着智能手机的普及，移动互联网应用日渐丰富。今年10月，我国月户均移动互联网接入流量达到361.6M，同比增长88.3%。手机上网流量达到28.8亿G，连续10月实现翻倍增长，占移动互联网总流量的89.7%。固定互联网使用量也保持较快增长，固定宽带接入时长达41.3万亿分钟，同比增长21.7%。

“经过多年努力，我国已拥有全球最多的互联网用户和移动互联网用户、全球最大的电子信息产品生产基地、全球最具成长性的信息消费市场，培育了一批具有国际竞争力的企业。”苗圩说，继去年成立中央网络安全和信息化领导小组，提出建设网络强国战略目标后，今年，党中央、国务院又陆续出台了“中国制造2025”，“互联网+”，大众创业、万众创新等系列战略性、指导性文件，网络安全的立法也在加速推进，市场环境、法制环境、

政策环境得到进一步改善。

数据创业成为新热点，开放共享创造大产业

“今年4月达成首批数据交易以来，交易所已经有250多家会员单位，完成了2000多笔交易，交易额近6000万元。”贵阳大数据交易所执行副总裁陆广龙告诉记者，作为全球第一家大数据交易所，它不仅承担着先行先试、探索大数据交易规章制度的使命，还是政府数据公开的重要渠道之一。

“我们正处于大数据变革的时代。”苗圩指出，移动互联网、智能终端、新型传感器快速渗透到地球的每一个角落，数据增长速度正呈现几何式增长，并将涵盖经济社会发展各个领域。大数据将创造下一代互联网生态、下一代创新体系、下一代制造业形态以及下一代社会治理结构。日前，国务院常务会议通过了《关于促进大数据发展的行动纲要》，强调开发应用好大数据这一基础性战略资源，推动公共数据资源开放共享，将大数据打造成新常态下经济提质增效升级的新动能。

大数据产业的兴起，为云计算提供了广阔发展空间。据统计，我国云计算市场规模从2010年的167.31亿元增长到2014年的1645.8亿元，5年增长了近9倍。据调查，2014年底，37.5%的企业已经开始部署云计算应用。

在中国互联网协会日前发布的《2015年中国互联网发展大趋势》中，数据创业成为新热点、“数据套餐”丰富多彩，名列七大趋势之首。此外，“自助”时代降临，从自媒体到自服务的黄金时代；传统媒体和新兴媒体进一步融合发展；移动改变生活，万物互连深入人心等，也是未来互联网发展的大势所趋。

在中国信息通信研究院孙克博士看来，落实“互联网+”行动计划，大力推进信息化和工业化深度融合，推动“互联网+”协同制造、“互联网+”创业创新，不断夯实网络基础和IT产业基础两大支撑，促进制造业网络化、数字化、服务化的发展，是我国从制造大国迈向制造强国的必由之路，也是我国从网络大国迈向网络强国道路上必不可少的重要一环。

（作者：王政）

（来源：人民日报）

互联网“资本寒冬”是个伪命题

纵观2015年，互联网产业被“资本寒冬”论笼罩。转眼2016年也将过半，互联网的创业者们似乎还在寒风中瑟瑟，坚持还是放弃都是个艰难的选择。

难道，互联网的“资本寒冬”已被坐实并将继续？从创投圈来看却完全是另一番景象。前段时间，在大佬云集的创投圈年度“大趴”2016中国投资年会上，具创新活力的互联网产业依然一致被看好。知名基金暂且不说，在投资上更为谨慎的新晋中小规模基金或许对此更有发言权。

熊猫资本创始合伙人李论就认为，互联网产业之所有“资本寒冬”感，主要是因为经历过大热和太热后的正常心理落差罢了。一场全民创新创业的大潮，让大量的基金在一年内投完了三年的钱，现在只是这种“投资人疯狂抢项目，创业者疯狂抢钱”的现象一去不复返而已，这并非“资本寒冬”，只是回归正常罢了。李论说：“对很多并不坚定的创业者，或者是只有融到钱才能创业的创业者而言，创业不是他与生俱来的骨子里的事情，对资本而言这是很可怕的。但所谓的"寒冬"却把很多不坚定的人"冻死"了，本来很多不好的项目融了太多的钱最后变成资本被项目绑架，项目又绑架很多下家，很多该死的项目死不了，其实对这行业没有帮助。而好的项目即使在"寒冬"也不会缺钱。”

这一点从网约车行业就可见一斑。在经历了2015年的补贴、烧钱大战后，行业内能叫出名的企业无一不是处于巨额亏损的状态，然而新年伊始，不论是滴滴快的、神州专车还是易到，都得到了新一轮的巨额融资。无他，因为网络出行行业依然还是风口，更容易受到资本的青睐。

其实，对比2013至2015年的融资案例数也不难发现，这三年中发生的融资数逐年显著上升，只有E轮及以后的融资数2015相对2014有所减少。目前，互联网创业圈存在大量处于创业初期的企业，在B轮融资后，少数优质项目占据大部分市场份额，大量项目被淘汰，从而导致可完成C轮、D轮，乃至E轮及以后的企业少之又少，“寒冷”感也由此而生。

从太火热到回归正常，置身互联网圈的创业者和投资人也越来越理智了，但“资本寒冬”论并不能阻止大量人才开始创业，也不能阻止投资人将资金投向优质项目中。总的来看，互联网创业潮还在继续。

还有一种数据最能体现一个产业的发展趋势，那就是招聘及就业指数。国内中高端人才发展平台猎聘新近发布人才数据报告显示，2016年一季度互联网对人才的需求比去年四季度有所下降，互联网行业的人才需求在全行业占比达到40.06%，仍高于去年同期，这是求职者以及雇主均开始回归理性的表现。而在2016年一季度热门职位TOP 15中，绝大部分职位都以互联网技术岗位为主，如后端软件工程师、产品经理、WEB 前端开发工程师等等。互联网技术人员在招聘市场上受热捧，显然跟产业“寒冬”的现象难以挂上钩。对于依然活力无限互联网产业而言，“资本寒冬”其实就是个伪命题！

（作者：陈杰）

（来源：科技日报）

“互联网 +”时代的变与不变

了解了“互联网+”时代的“变”与“不变”后，无论对于政府还是企业而言，其转型战略都是清晰的，一句话，就是牢牢抓住“不变”，而适应“变”。

“互联网+”时代的重要特点是一切原有社会结构中的个体与行为都因为互联网的影响和结合而产生新的改变和发展，形成传统社会与网络社会密切结合的共生性社会形态。因此，传统时代的个体与社会组织都面临着如何转型的问题。其中，面临最大挑战压力的是企业和政府，企业如何更好地向全社会提供商品和服务，政府如何更好地向全社会提供公共产品和公共服务，了解“互联网+”时代的变与不变至关重要。

“互联网+”时代的变

“互联网+”时代有很多改变。但溯本逐源，归纳起来有三个层面的核心改变。

信息在社会内部与个体之间的传播方式改变了。互联网第一次在人类历史上建立了跨越全社会任何两个节点之间的直接连接和信息传递方式。这种连接，极大改变了传统社会需要建立信息逐级传递的中介渠道的方式。而当整个社会信息传递方式改变后，依托在信息传递行为上的商业行为、社会行为、管理行为等会产生相应的改变。

整个社会中的资源、产品与服务交互行为改变了。当整个社会形成了围绕互联网的新的信息交换机制后，整个社会就形成了与传统体制相平行的第二种资源、产品与服务交互机制。企业可以不在必须进入实体的市场而获取资源、销售产品与服务。政府也可以通过网络形成新的公共服务协调机制，并且效率比传统手段要更高。这就使得传统的政府、企业都必须要适应依托互联网的新的资源、产品与服务交互机制。

整个社会中的结构与社会运作关系被改变了。传统社会是典型的中心型社会结构，因为传统社会无法形成信息在整个社会任何两个个体之间的直接连接，因此必须要构建逐级传递信息的中心型社会结构，社会因此形成特殊的信息交换中心。而网络社会中，由于信息不再依赖于中心型社会节点就可以直接在个体间交换，这就形成了信息交换的非中心型结构，同时削弱了原有信息中心节点的信息优势。这一方面使得产品生产者和服务提供者与消费者之间可以超越传统的信息交换平台而建立联系。重塑企业与消费者，政府与公民之间的互动关系，形成更为直接、对等、精准的产品/服务提供体系。另一方面，原先具有垄断信息资源的企业其垄断的市场优势和合理性就会被打破，而政府也将面临更多的信息公开与透明的约束与要求。

当然，“互联网+”时代的“变”还有很多，以上只是从信息传递，产品与服务交换机制与社会运作关系三个最基础的层面来分析。从这三个层面出发，网络时代企业与政府内部的组织协调优化，与外部之间建立起更广泛紧密的联系，对外的透明、决策的开放参与等都可以从这三个层面引出。但是，最根本的改变都来自于以上三个层面。而企业与政府面对“互联网+”时代的改变与适应，也要基于这三个层面。

“互联网+”时代的不变

相对于“变”，“互联网+”时代的“不变”则往往被忽视了。但实际上，在对互联网追逐的热潮中，认清“互联网+”时代的“不变”则是更重要的，因为只有牢牢抓住了“不变”，才能在日新月异不断变化的社会环境中抓住事业的根基，再围绕这个根基做好新时代的战略变革。总而言之，“互联网+”时代，也存在三个层面的“不变”。

个体不断提高的物质与精神生活需求不会改变。任何时代，无论农业时代、工业时代还是网络时代，对于个体而言，其基本的物质与精神生活需求不会被改变，并且任何个体都需要满足其需求的产品与服务越来越好。这一点看似很简单，但其意义却很重大，这也意味着在任何时代，都需要扎扎实实提供好的产品与服务的企业与组织。

个体对公共产品与公共服务的诉求不会改变。任何时代，个体在满足个人生活的产品与服务的诉求外，还需要政府与社会组织提供更好的公共服务与公共产品。如交通、通讯、医疗、卫生、教育乃至公共安全、公共秩序。这也就意味着，在“互联网+”时代，政府与公共组织在提供公共产品与公共服务领域的基本职能不会改变。

个体对公平正义的诉求不会改变。公平正义是镌刻在人性最深处的，在任何时代，个体对社会公平正义的追求，其意义都不会改变。传统社会中，个体要求公平正义，在网络社会中，个体更要求公平正义，并且由于信息更加透明，社会一旦发生不公正的事件，就会迅速传遍整个网络，从而引发更为强烈的反应。这就对政府行为乃至整个社会的公平正义提出更加强烈的要求。

“互联网+”时代的转型战略

了解了“互联网+”时代的“变”与“不变”后，无论对于政府还是企业而言，其转型战略都是清晰的，一句话，就是牢牢抓住“不变”，而适应“变”。具体而言，体现在以下三个层面。

对于企业而言，应立足于提供更好的产品与服务的基础上利用互联网实现更优化的资源调配，及与消费者建立更广泛的直接联系。在“互联网+”时代，企业依然要牢牢抓住提供优质产品与服务的本职，而不是舍本逐末去适应互联网。互联网的作用则体现在两个方面：一方面是在更大范围内形成生产资源配置渠道，依托互联网形成更为广泛的制造与资源网络，提高产品生产和资源使用效率。另一方面是改变传统的层级营销模式，与消费者形成更直接的双向联系，从而在最大程度上实现对消费者需求的精准满足。没有更优质的产品和服务作为依托，在“互联网+”时代依然无法成功。而在生产组织和与消费者互动方面缺乏对互联网的充分利用，则就会被更新的网络型生产模式所超越和失去消费者的关注。

对于政府而言，应立足于建立更优化的公共服务网络和政务决策执行体系，并实现与公民的更为直接的联系。政府的基本职能是提供优质的公共产品和服务。在“互联网+”时代，这一职能只能进一步加强，而加强的方式体现在三个层面：一是通过与互联网连接，优化现有的公共服务资源，形成更为动态、更为优化的公共服务网络；二是通过网络技术建立更加快捷、安全、优化的政务决策执行体系，从而在内部组织上充分提高决策质量和运作效率；三是通过网络技术建立更加开放透明的政务体系，利用网络加强政府与公民的互动，从而提供更为高效精准的公共服务。

对于整个社会而言，应积极利用互联网建立更加公平正义的社会秩序。在网络时代，公民对于不公正事件的获知渠道更多。因此，公民对公平正义的诉求不是减弱而是极大加强了。因此，这就要求利用互联网建立更加公平正义的社会秩序。这主要包括三个层面：一是完善整个社会的法治环境与体系，在立法、普法、司法、执法等各个环节利用互联网形成公开透明公平公正的完备体系；二是进一步提高政府治理过程中的公平正义，充分利用网络技术引入公民参与和监督，提高政府行为的透明与公正，消除腐败；三是利用网络传播形成全社会的理性、懂法、守法与追求公正的风气和行为伦理。

（作者：何哲）

（来源：学习时报）

“互联网 ”行动计划：时代背景与深刻内涵

“互联网 ”首先是互联网的全方位应用。互联网归根到底是一种工具，就像前几次技术革命中的蒸汽机、电力一样，从被发明后就得到各行各业广泛应用。从这个意义上来看，“互联网 ”是以互联网为主的一整套信息技术（包括移动互联网、云计算、大数据技术等）在经济、社会生活各部门的扩散应用过程。单纯从互联网的应用角度来理解“互联网 ”，读者一定会产生疑问：既然“互联网 ”是国民经济各行业和全社会对互联网的应用，市场经济体制下，因竞争压力而借助互联网进行成本缩减必然成为市场主体的理性选择，那么，互联网的应用不是水到渠成的事情吗？为什么各个国家都以不同的形式将类似于“互联网 ”的内容（如美国的工业互联网）列为国家级战略布局？秘密在于互联网与哪些产业“相加”。

“互联网 ”是产业应用，更是产业重塑。从中国近20年来互联网的短暂发展史来看，中国当前正经历互联网商业向互联网工业过渡时期。互联网与商业的结合，极大地改变了我们的日常生活方式，中国电子商务的快速发展印证了这一点。互联网对商业的改写，毫无疑问降低了市场的运行成本、弥补了中国非统一市场的缺陷。但本质上并未改变其商业属性，解决的仍是生产与消费的低成本匹配问题；基于互联网的零售新业态，从本质上只是缩短了零售环节、节省了交易成本。经济史研究表明，商业经济时期社会的创新能力并没有显著提升，其互通有无的本质注定不会产生“生产什么以及如何生产”这样的经济知识。因此，基于商业贸易的互联网应用，虽然可以改变产业形态，但理论上来说并不会大规模产生新的经济知识以及技术创新。但互联网与工业的结合，却在改写工业生产方式、经济知识供给方式以及技术创新的模式。美国的互联网发展及其战略规划恰恰是这个判断的一个脚注：美国互联网产业发展较早、市场规模也较大，但因为其线下商业体系发达，因此互联网商业发展并没有中国式的爆发增长态势。这从侧面证明互联网商业在本质上仍是传统商业的有益补充；但工业互联网发展却成为美国的国家战略，原因就在于在工业领域，互联网并不仅仅是一种工具。基于互联网的工业并不是传统工业的补充，而是对传统工业的升级或替代。发达国家虽然服务业占比超过工业占比，但发达国家均具有对工业技术的核心掌控能力，制造业发展对于国家创新体系仍起到非常重要的作用。

有研究认为，“互联网 ”的本质是传统产业的在线化、数据化。“互联网 ”的本质是传统产业对互联网的深层次、全方位应用，以及互联网对传统产业的改造和重塑，而非简单的在线化和数据化传统产业。互联网的应用可以解决现有市场机制下许多解决不了的问题，如缓解信息不对称、降低交易成本；也可以通过改变生产流程，促进竞争力的提高。我国互联网在商业领域的应用已经处于世界领先水平，而互联网在工业领域的应用却大大滞后。从互联网商业到互联网工业，是从互联网应用到“互联网 ”的最好诠释。互联网及信息化正在带来新一轮科技革命。中国当前处在抓住和引领产业革命前沿的最佳机遇期，抓住这次机遇，对于中国经济的长远发展和创新体制建设，具有深远的意义。

（作者：杨振）

（来源：中国纪检监察报）

用“互联网+”提升区域协调发展质量

2015年7月4日国务院印发了《关于积极推进“互联网+”行动的指导意见》（以下简称《意见》），从国家战略高度肯定了“互联网+”对经济社会发展的重大意义。

《意见》提出“推动互联网由消费领域向生产领域拓展，加速提升产业发展水平，增强各行业创新能力”的主张；明确了“基础支撑进一步夯实，发展环境进一步开放包容”的发展目标。从区域发展实践看，我国区域发展中的短板之一仍是区域间资源存量的水平差距以及资源增量的获取能力差距。“互联网+”行动计划对解决我国当前区域发展中存在的“非协调”问题，提升区域协调发展质量也具有相当重要的战略意义。

“互联网+”将采用云计算、大数据、物联网等信息通信技术，改造和升级产业、拓展金融和商贸空间，塑造医疗、教育、科技、政务等公共领域的新范式；从而使得资源能够跨界跨时空流动，“网络放大效应”进一步凸显。

从地区产业发展实践看，地区间产业的“趋同性”问题仍比较严重。从地区培育和发展创新体系的角度讲，用传统的政策手段如财税激励和粗放式资源配置与地区间协调发展的需求也正渐行渐远。我们知道，发起于欧盟的Living Lab正在促进全公民参与式的知识流动、信息共享与创新体验。麻省理工学院倡导的Fab Lab提出了基于个人创意的创新制造理念。而我国当前“众创”模式正在成为经济社会发展的新生力量。这些内容都对传统的从研发、设计、试验到商品化和产业化的线性创新范式提出了新的挑战，动态的、交互式创新正在各个领域成为创新的主流范式。地区间要在创新体系的协同方面实质性发挥“互联网+”的溢出效应，探索出激发终端用户首创精神的特色区域创新模式，并由此而建构出地区政府间以“创新连接”为渠道的产业协调发展的新方式。

与此同时，基于“互联网+”的“智慧城市”的发展浪潮也会促进地区间的“智慧链接”。城市资源管理、运行和服务水平和城市的居住品质，以及政务、交通、通讯、水和能源等核心系统之间的综合集成都将得益于“互联网+”。新加坡、多伦多、奥卢、斯德哥尔摩等地区的发展实践正在印证着这一点。但是，我们应同时认识到，“智慧城市”不仅是“硬件”的智慧化，“人”的智慧化才是核心。没有能够了解、接受和使用“智慧化”手段从事生产和生活的居民群体，智慧城市就无法智慧运转。“互联网+”强调塑造开放创新的公共空间，公民个人价值诉求将会得到更大范围的呈现。要知道，当今世界的发展对个人价值的尊重程度空前提高。尤其是社会的新生代，他们的成长环境已经处在互联网时代，因此其对个人意见和诉求的快速表达和尊重成为社会和社区发展的新特征。个体的意见和诉求也正在突破地理空间的限制，在不同地区间快速交互。因此，有效引导“互联网+”来带动地区间智慧城市的硬件与软件的关联互动，对提升区域间协调发展的质量具有重要意义。

总体看来，产业、金融、商贸、政务以及公共服务等众多领域的资源有效配置是一个地区经济与社会可持续发展的重要支撑。如果资源在地区间流动存在着时空错位、发展路径依赖和地区间竞争等制约，则地区“外源性”资源输入就会受阻，直接影响地区发展后劲。因此，地方政府间采用“互联网+”的协同行动，建立地区间自适应的合作机制，将为探寻地区间协调发展提供新的思路。

（作者：李应博）

（来源：中国科学报）

推动互联网与实体经济深度融合

——论学习贯彻习近平总书记在网络安全和信息化工作座谈会上重要讲话精神

协同制造、智慧能源、互联网金融、网络惠民服务……飞快发展的互联网技术，正在把各行各业带入“互联网+”的奇幻大门。面对经济社会发展大势，习近平总书记在网络安全和信息化工作座谈会上特别强调，要着力推动互联网和实体经济深度融合发展。各地区各部门一定要深刻领会这个重要精神，把握时代脉搏，充分发挥我国互联网的规模优势和应用优势，推动互联网由消费领域向生产领域拓展，加速提升产业发展水平，增强各行业创新能力，构筑引领经济新常态的新优势和新动能。

互联网创新成果与实体经济各领域融合发展，是不可阻挡的时代潮流。以信息流带动技术流、资金流、人才流、物资流，不仅能有效促进资源配置优化，促进全要素生产率提升，降低实体经济生产经营成本，而且能更大限度地挖掘各类消费和投资需求，对于转变经济发展方式、调整经济结构意义重大。从这几年国内外的诸多实践看，实体经济一旦注入互联网基因，就能爆发出巨大生产力和创新力，展现出更广阔前景和无限潜力。比如，中核集团一支20余人的核心团队，利用互联网众包平台与20多个城市上千名工程技术人员高效协同，顺利完成了“华龙一号”的堆芯设计。又如，针对公路货运卡车空驶率高企、物流成本居高不下的现实，传化集团着力推动“线下实体公路港+线上互联网物流平台”战略，直指全社会物流痛点。业内分析认为，中国公路运输市场生态将因这种融合而巨变。如今，世界主要国家也都在积极推动互联网与实体经济融合，从消费到生产、从边缘到核心、从平台到生态，互联网不断向实体经济延伸拓展，引发实体经济发展理念、用户角色、业务形态、生产要素、组织模式和管理模式深刻变革。

目前，我国有7亿网民、400多万家网站，网络深度融入经济社会发展、融入人民生活，已具备加快推进互联网与实体经济融合发展的坚实基础。复苏艰难曲折的世界经济、新旧动能转换阶段的国内经济，也迫切要求我国加快推动互联网与各领域深入融合和创新发展，充分发挥其对稳增长、促改革、调结构、惠民生、防风险的重要作用，开拓发展新境界。我们要推动互联网与制造业融合，提升制造业数字化、网络化、智能化水平；利用互联网提升农业生产、经营、管理和服务水平，培育一批网络化、智能化、精细化的现代“种养加”生态农业新模式；大力发展以互联网为载体、线上线下互动的新兴消费，加快发展基于互联网的医疗、健康、养老、教育、旅游、社会保障等新兴服务。同时，还要在信息网络技术上“闯关”。针对薄弱环节和领域，通过搞揭榜挂帅、开放创新等各种方式，抓住基础技术、通用技术、非对称技术、前沿技术、颠覆性技术，把更多人力物力财力投向核心技术研发，力争尽快在核心技术上取得突破。

（作者：评论员）

（来源：经济日报）

以“互联网+”创新扶贫工作模式

随着信息化、互联网的发展，我国贫困人口和家庭与富裕人口和家庭之间、贫困地区和富裕地区之间存在巨大的数字鸿沟。为此，要结合“宽带中国”战略，加快贫困地区网络基础设施建设，改善贫困人口和贫困家庭上网条件，使互联网成为贫困人口和贫困家庭脱贫致富的重要渠道。

党的十八届五中全会提出“实施脱贫攻坚工程，实施精准扶贫、精准脱贫，分类扶持贫困家庭，探索对贫困人口实行资产收益扶持制度，建立健全农村留守儿童和妇女、老人关爱服务体系”。在互联网时代，扶贫工作要树立互联网思维，推动“互联网+扶贫”发展，建立“制度+技术”的扶贫工作新模式。

以大数据实施精准扶贫

要解决好“扶持谁”的问题，确保把真正的贫困人口弄清楚，把贫困人口、贫困程度、致贫原因等搞清楚，以便做到因户施策、因人施策。因此，要归集、采集贫困线以下的人口和家庭数据，建立贫困人口和贫困家庭数据库，开展贫困人口和贫困家庭大数据分析，真正实施精准扶贫。贫困人口和贫困家庭数据库包括贫困人口和贫困家庭的基本信息以及贫困等级、致贫原因、扶贫措施受益情况等。目前，公安等部门已经建立一个庞大的人口基础信息库。可以利用公安部门已有的人口和户籍数据，获取贫困人口和贫困家庭的基础数据，如贫困人口的姓名、性别、出生年月、住址、身份证号码、银行账户等，贫困家庭的地址、人员构成等。可以根据年收入情况，划分贫困人口和贫困家庭的贫困等级，如特别贫困、比较贫困、一般贫困三级，并在贫困人口和贫困家庭数据库中进行标记，以确定对每个贫困人口和贫困家庭的扶贫力度。可以根据收入来源、支出状况、身体和思想状况等分析致贫原因，对致贫原因进行分类，如因病致贫、因灾致贫、因子女教育致贫、因丧失劳动能力致贫、因居住环境致贫、因文化素质低致贫、因好吃懒做致贫等，并在贫困人口和贫困家庭数据库中进行标记，以便采取有针对性的扶贫措施。

建好贫困人口和贫困家庭数据库之后，通过大数据分析，可以掌握一个地区贫困人口和贫困家庭的分布规律、主要特征、结构等，如不同贫困程度的贫困人口和贫困家庭主要分布在哪些地区、占当地人口和家庭总数的比例、不同贫困程度的贫困人口和贫困家庭占比、主要致贫原因等，有利于宏观把握本地区的扶贫工作重点、扶贫措施和扶贫模式。

值得指出的是，贫困人口和贫困家庭数据库是一个动态数据库，而不是一个静态数据库。这是因为贫困人口和贫困家庭是动态变化的，有的人口和家庭脱贫之后不再属于贫困人口和贫困家庭，有的原来不是贫困人口和贫困家庭因各种原因成为新的贫困人口和贫困家庭。

以互联网实施信息扶贫

许多事例表明，信息闭塞是产生贫困人口和贫困家庭的重要原因之一。例如，不掌握农产品销售需求信息，农产品卖不出去，守着优质农产品却依然贫困；不了解卫生和健康方面的知识，养成不良生活习惯，小病积成大病，因病致贫；不知道灾害预警信息和防灾救灾知识，因灾致贫。

随着信息化、互联网的发展，我国贫困人口和家庭与富裕人口和家庭之间、贫困地区和富裕地区之间存在巨大的数字鸿沟。我国贫困人口和贫困家庭主要分布在农村地区。根据中国互联网络信息中心发布的《第36次中国互联网络发展状况统计报告》，截至2015年6月，我国城镇地区与农村地区的互联网普及率分别为64.2%和30.1%，相差34.1个百分点。我国网民中农村网民只占27.9%。

为此，要结合“宽带中国”战略，加快贫困地区网络基础设施建设，改善贫困人口和贫困家庭上网条件。各级扶贫机构要通过组织培训活动、动员志愿者等方式帮助当地贫困人口中普及互联网知识水平，提高互联网技能水平，使互联网成为贫困人口和贫困家庭脱贫致富的重要渠道。

在信息扶贫过程中，各级扶贫机构要充分发挥电信运营商、互联网企业、相关社会团体和志愿者等社会力量的作用。例如，电信运营商在电信资费方面对贫困人口和贫困家庭给予适当减免等优惠政策。贫困地区相关政府部门可以与大型电子商务平台运营商在农产品电子商务方面开展合作，帮助贫困地区农民在网上销售农产品。探索通过“互联网众筹”方式动员广大网民为贫困人口和贫困家庭提供资助、捐助。组织志愿者帮助贫困人口和贫困家庭学会使用电脑和手机上网。

以信息化实施规范扶贫

推动“互联网+扶贫”发展，是促进扶贫工作程序化、规范化和法治化的重要举措。党中央、国务院高度重视扶贫工作，在脱贫攻坚过程中将有大量财政资金投入。如何让扶贫资金真正发到贫困人口和贫困家庭手中，减少和避免扶贫资金被挤占挪用、层层截留、虚报冒领和挥霍浪费，是一个非常重要的现实问题。

“互联网+”是解决扶贫“最后一公里”的有效手段。利用贫困人口和贫困家庭数据库中的信息，财政部门可以通过商业银行或支付宝等第三方电子支付平台将扶贫资金直接拨付到贫困人口和贫困家庭的银行账户，减少中间环节，避免扶贫资金被截留和挪用，使扶贫资金真正发到贫困者的手里。

加快建立扶贫信息平台，对扶贫工作进行全程留痕，使扶贫工作“可记录、可检查、可追溯”，实现“人在干、云在算”。在扶贫工作中，扶贫的时间、地点、参加人员、工作内容等都要记录在案，便于上级领导随时检查扶贫工作开展情况。一旦在扶贫工作中出现问题，可追查责任人，实现精确问责。

由于信息不共享、信息不对称，容易出现多个单位对某个贫困人口和贫困家庭重复资助或捐赠的问题。一方面使某些贫困人口和贫困家庭被过度扶贫，而有些贫困人口和贫困家庭则扶贫不足。要利用信息化手段减少和避免重复扶贫和扶贫不足并存的问题。例如，在贫困人口和贫困家庭数据库中，每个贫困人口和家庭每次收受扶贫资金的时间和数额、收受扶贫物资时间、名称、数量和价值等信息都要记录在案。通过统计分析就可以知道每个贫困人口和家庭在一定时间内被扶贫情况。

通过全程留痕和数据比对，可以对扶贫领域的职务犯罪起到震慑作用，避免一些领导干部和工作人员走上歧途。例如，通过对扶贫机构发放的扶贫资金情况与贫困人口和贫困家庭得到的扶贫资金情况进行数据比对，纪检监察部门就可以及时发现扶贫过程中扶贫资金违规使用情况。

通过跨部门数据比对，可以有效发现不符合条件的个人或家庭骗取扶贫资金。通过建立扶贫领域的社会信用体系，将骗取扶贫资金的行为列为个人信用数据库的不良记录，通过多部门开展信用联合惩戒提高扶贫领域失信者违法违规的机会成本。

（作者：金江军）

（来源：学习时报）

第六章

金融业：为中国经济提供澎湃动力

中国经济大趋势

金融支持新消费领域，从完善信用信息体系开始

经国务院同意，中国人民银行、银监会日前联合印发了《关于加大对新消费领域金融支持的指导意见》（以下简称《意见》）。《意见》提出，要鼓励有条件的银行业金融机构围绕新消费领域设立特色专营机构、完善配套机制，推进消费金融公司设立常态化，鼓励消费金融公司针对细分市场提供特色服务。鼓励银行业金融机构优化网点布局，在各类消费集中场所通过新设或改造分支机构作为服务消费为主的特色网点。

同时，要加快推进消费信贷管理模式和产品创新。鼓励银行业金融机构探索运用互联网等技术手段开展远程客户授权，实现消费贷款线上申请、审批和放贷。合理确定消费贷款利率水平，优化绩效考核机制，突出整体考核，推行尽职免责制度。创新消费信贷抵质押模式，开发不同首付比例、期限和还款方式的信贷产品，推动消费信贷与互联网技术相结合。加大对养老家政健康消费、信息和网络消费、绿色消费等新消费重点领域的金融支持。

另外，《意见》要求，改善优化消费金融发展环境，通过金融债券发行、同业拆借、信贷资产证券化等方式，拓宽消费金融机构多元化融资渠道。改进支付服务，优化信用环境，维护金融消费者权益，建立消费领域新产品、新业态、新模式的信贷风险识别、预警和防范机制，提升风险防控能力。

随着经济步入新常态，消费升级和经济结构优化成为拉动我国经济增长的新引擎。中国人民银行数据显示，2013年我国个人消费贷款额为142万亿元，2014年达到171万亿元，2015年则直逼300万亿元，中国消费金融市场进

入爆发期。

不过，在增速扩张的同时，由于消费金融采用灵活的风险模型，且产品不断创新带来更多无抵押无担保产品，而这类高风险高收益业务或将给整个金融系统带来新的风险，因此业界人士普遍认为，应尽快建立针对这一领域的创新信用评分标准。

全国人大财经委副主任委员吴晓灵表示，要加大对参与消费金融客户的信用情况评估，通过对其还款能力和意愿的判断，来控制信用风险。全国政协委员、中国建设银行信用卡中心原总经理赵宇梓表示，目前消费信贷发展还受信用体系建设不完善的制约。失信惩戒机制仍比较薄弱，应该扩大失信惩戒对象范围，为金融机构创新消费信贷产品营造良好氛围。

国家鼓励消费金融对互联网金融平台来说也是利好消息。玖富集团创始人兼CEO孙雷表示，消费领域金融的创新在于加强和细分场景的深入融合。比如玖富选择的与实际产业的场景消费合作，不仅避免了消费金融公司设立线下门店的成本，还基于场景的消费交易更为真实，降低了欺诈风险。互联网金融平台通过便捷的移动社交平台，和大数据风控，在产品创新上更灵活，可以快速为用户授信，让服务更加简单、快捷、人性化。

农发贷CEO杨世华表示，很多人印象中的消费金融主要指的是车贷房贷、旅游休闲、教育文化等，人们往往忽视了在农村地区同样存在的消费需求，而这一类消费呈现不断增长的态势。目前，新消费正从城市延展至农村，农村目前生产购买、生活消费、子女教育等方面同样有金融服务的需求。农发贷正是通过深入到农户的农资消费场景来提供金融服务，致力于解决“三农”“融资难、融资贵”的难题。

不过，在互联网金融平台上开展的消费金融业务也同样需要防控风险。

京东金融消费金融事业部总经理许凌表示，金融业务始终与风险相伴，而当前很多行业切入消费金融市场之后，存在多头授信的问题，我们也一直在呼吁和配合怎样把整个征信系统更大范围去覆盖它，我们会主动上报用户的信用行为，同时积极与央行征信系统对接，希望能推动市场把整个大的消费金融行业领域里面的征信打通。

而在消费者信用信息系统建设中，蚂蚁金服旗下独立第三方征信机构芝麻信用已经在消费金融领域开展多种形式的应用，比如提供准入和信用评价、过滤高风险不良客户，帮助合作伙伴建立联防联控机制、基于实名用户的欺诈风险识别，以及还原用户画像、负面信息披露、还款提醒等服务，还将推出芝麻认证身份验证工具。

（作者：崔吕萍）

（来源：人民政协报）

深化改革要完善政策性金融

政策性金融的存在，填充了商业融资与财政支出的“中间地带”，弥补了政府与市场间的空白，有助于实现政策性与盈利性的统一。此前公布的三大政策性银行深化改革方案，对三大政策性银行的定位和路径选择，符合当前经济发展和改革对政策性金融的诉求

近日，中国人民银行行长周小川对“十三五”规划纲要中金融体制改革的相关内容进行解读。他表示，现阶段应强调开发性金融和政策性金融，不仅是完善金融机构体系的需要，也是应对全球金融危机的需要。

我国经济正面临深层次结构性调整，与发达国家相比，基础设施建设、企业“走出去”、“三农”等一系列重点领域和薄弱环节仍需加强，迫切需要强有力的金融支持。

对商业银行来说，这些领域带有公益色彩，与追求利润最大化的目标存在一定矛盾。同时，部分领域大额、长期的资金需求，也让商业银行有心无力。加之，国际金融危机的影响还在继续，也让多数商业银行在资产业务方面更为谨慎。从回避风险的角度来讲，纯粹依靠商业性金融承担政策性业务，并不可行。即使由财政为商业银行提供补贴，其空间也是有限的，无法做到可持续发展。

理论上看，公益属性强的领域似乎更适合由财政资金来支持完成，但实际操作层面，由于我国各地政府财力不同，财政资金又往往具有无偿性、强制性等特点，资金效率配置难免低下。因此，在介于公益性和商业性的“0”和“1”之间，政策性金融和开发性金融就有了存在和发展的必要，其从事的主要业务低于商业性回报，但又不完全是公益性的，这部分业务的发展可以

不以盈利最大化为目标，同时又可弥补“0”和“1”之间的融资空间。

可以说，政策性金融的存在，填充了商业融资与财政支出的“中间地带”，弥补了政府与市场间的空白，有助于实现政策性与盈利性的统一。

过去，我国三大政策性银行在发展定位的选择上经历过一些探索，从国际金融危机之前的商业化转型到危机之后的回归政策性本职，改革步伐已明显加快，改革思路更为清晰。此前公布的三大政策性银行深化改革方案就明确提出，国开行坚持开发性金融机构定位，进出口银行强化政策性职能定位，农发行则坚持以政策性业务为主体。

这样的定位和路径选择，符合当前经济发展和改革对政策性金融的诉求。可以看到，当前三家政策性银行已经实现了跨越式发展，在大型开发性项目、农业农村基础设施建设、棚户区改造、易地扶贫搬迁等商业金融难以介入、财政力量又难以单独完成的重大领域，发挥了不可替代的作用。但与此同时，资金来源相对单一、负债成本不断上升、政策性金融法律缺位等问题也在一定程度上阻碍了这些机构的发展。

因此，“十三五”时期，对在特殊领域发挥重要作用的政策性金融机构应当给予差异化的政策支持，帮其打通梗阻，更好发展。同时，政策性金融机构也应更好地完善公司治理结构、明确业务界线，更专注、专业地为全面深化改革贡献力量。

（作者：戴蔚珑）

（来源：经济日报）

为经济稳定健康发展提供澎湃动力

——两会代表、委员谈我国金融业改革创新

在国际金融市场震荡加剧、国内经济下行压力加大的双重夹击中，在传统增长动能减弱、新增长动能正在培育的经济新常态下，金融业能否承担起促进中国经济持续健康发展的重任？金融市场应该如何防范各种潜在的风险？

连日来，代表、委员围绕政府工作报告中提出的“深化金融体制改革”“提高金融服务实体经济效率”，以及“实现金融风险监管全覆盖”进行了热烈讨论。

促进实体经济发展是根本

“十三五”规划纲要草案提出，要加快金融体制改革，完善金融机构和市场体系，促进资本市场健康发展，健全货币政策机制，深化金融监管体制改革，健全现代金融体系，提高金融服务实体经济效率和支持经济转型的能力，有效防范和化解金融风险。

代表、委员们认为，规划纲要草案为新形势下金融业的改革和发展指明了方向。实体经济的持续、健康发展，是金融业改革发展的根本。

当前，推进供给侧结构性改革需要良好的货币金融环境。“货币政策要综合运用数量、价格等多种政策工具，应时而动，做好与供给侧结构性改革相适应的货币政策调控，既要防止结构调整过程中总需求的意外下滑，为全面深化改革赢得时间、空间；又不能过于宽松，妨碍市场的有效出清。”全

国人大代表、中国人民银行南京分行行长周学东认为，在改善融资结构和信贷结构的同时，要保持社会融资总量相对平稳增长，强化对五大重点任务的金融服务。

“金融企业渴望参与到‘大众创业、万众创新’的热潮中来。”全国政协委员、北京银行董事长闫冰竹给《经济日报》记者举例说，北京银行小微企业贷款规模从2006年的94亿元发展到目前的2352亿元，9年间增长了25倍。“目前，北京银行为近11万家小微企业提供服务，累计为4万户小微企业发放贷款超过1.7万亿元。在北京，每4家小微企业就有1家是北京银行的客户。”闫冰竹委员说。

在金融支持实体经济发展的同时，金融业自身的改革创新也在快速推进：民营银行破冰；利率市场化改革步入收官阶段；存款保险制度推出；人民币国际化步伐加快。这些又有效提升了金融服务实体经济的能力。

改革创新步伐还要迈得更大

实体经济的发展，对金融业的改革创新不断提出新的课题。

“如果说投资者和被投资者的合作像‘谈恋爱’，那么资金就像红娘。中国经济要发展，需要多元化资金供给渠道和健康的金融市场。”全国人大代表、中国民族证券有限责任公司党委书记岳文海用形象的比喻，强调了金融环境的重要性。

全国政协委员、伊利集团董事长潘刚连续两年的提案都是关注农村金融这块“短板”。他认为，农户、小微企业因为授信额度不足，难以扩大生产，而金融机构不具备针对产业链小微企业进行评估的动力和能力。他建议，应建立起“政府+龙头企业+产业链中小企业”的架构体系，打造“政府基金+产业链普惠金融机构+融资主体”的新型普惠金融模式。

打造内陆型金融创新与改革示范区，是全国人大代表、康利达集团董事长薛景霞的期盼。薛景霞代表建议，可开展中小微企业金融服务创新试点，通过鼓励更多民营企业设立各类基金等做法，缓解中小微企业融资难题。“国家还应该出台专项政策，引导并鼓励全球金融人才到内陆地区工作。”薛景霞代表说，应开展建立国际化金融人才招聘服务平台的可行性研究，加快引进和培育金融人才。

全国人大代表、中国证监会吉林监管局局长万玲玲对今年政府工作报告中关于“实施新一轮东北地区等老工业基地振兴战略”的提法备感振奋，因为“这为我们提供各种金融服务、扩大直接融资比重开辟了广阔空间”。她认为，一是要用好用足资本市场的功能，通过并购重组、再融资等手段，提高上市公司质量；二是扩大增量，即深入挖掘培育现代农业、生物制药、高端装备制造等优势领域和高科技企业，扩大直接融资比重。“如果能涌现出一大批这样的企业，老工业基地的振兴就有了好的途径。”万玲玲代表说。

风险防范能力亟待增强

经历了近期金融市场的跌宕起伏，代表、委员们对于防范风险这个话题尤为关注。如何做好金融创新的监管？如何增强防范系统性、区域性风险的能力？

近年来民间融资规模不断扩大，已成为中小微企业、个体工商户及“三农”融资的重要补充渠道，但相关监管工作却相对滞后。对此，全国人大代表、滁州市绿园蔬菜专业合作社总经理胡大明建议，应尽快制定符合我国国情的民间融资管理法律，将民间融资纳入法治化轨道，明确界定民间融资和非法集资的界限，鼓励和保护正常的民间融资。同时，引导民间融资阳光化运作，加强事中、事后监管，实行机构管理和行为管理两手抓，切实防范风险。

“无论是贷款、股权投资基金，还是P2P网贷，把握好‘钱的落脚点’对风险防控很重要，关键是看资金投向哪里。”全国政协委员、交银施罗德基金副总经理谢卫认为，互联网金融与各行业深度融合，有效提升了服务效率，但金融监管必须跟上金融创新的步伐，才能发挥其对促进传统产业转型升级、加快形成经济发展新动能的作用。

建设多层次资本市场、大力发展直接融资，是分散信用风险的有效途径。全国人大代表、吉林省金都集团有限公司董事长王丽影考察了上海自贸区、深圳前海等地的金融资产交易平台，对其在扶持初创型中小企业中的作用有深刻的印象。“其实，东北地区既有巨大的市场需求，也有相关的人才储备，完全有能力设立这样的金融资产类交易所。”王丽影代表希望东北地区也能在金融创新方面得到政策支持。

（作者：崔文苑 周琳）

（来源：经济日报）

金融创新与金融监管的动态平衡

近日，瑞士瑞信银行和英国巴克莱银行因黑池交易违规向美国监管当局支付了逾1.5亿美元的巨额罚单。此前，美国联邦法院首次以商品交易欺诈及幌骗罪刑事起诉华尔街一名高频交易员。一系列事件显示，金融违规操作已成为监管的重要目标，并呈日趋严格的态势。

黑池交易是场外交易的一种形式，2005年由高盛公司在美国推出，以防止大宗交易对场内市场造成巨大冲击。随着信息技术的广泛应用，黑池交易、高频交易等场外交易方式逐步兴起，电子化成为这种交易的一个重要属性。成立于2005年8月的电子化场外交易商（BATS）所搭建的交易系统已经成为美国第二大交易市场和欧洲第一大柜台交易市场，也是全球最大的高频交易、黑池交易和场外市场交易商。2015年，BATS在美国股票和期权市场的交易规模分别达到了21.1%和9.6%，在欧洲股票市场的交易规模也达到了24.4%。根据美国学者迈克•刘易斯的统计，2014年高频交易约占美国股市交易比重的70%。

交易方式的创新有其有利的一面。以黑池平台交易为例，买卖双方对场外大宗股票交易指令匿名撮合交易，既可为市场提供流动性，特别是在市场交易寡淡时维持标的交易顺畅，又能避免对传统交易所市场造成巨大冲击，防止大额卖出对价格产生断崖式影响。

但是，作为金融市场上的新生事物，高频交易、黑池交易等也隐藏着巨大的金融风险，成为全球监管者十分头疼的难题。风险之一是信息相对不透明，业务基本游离在监管体系之外，成为风险较大的影子银行业务，同时容易引发欺诈、幌骗、破产以及投资者保护等问题。风险之二是此类交易往往使资产交易价格偏离应有价值，一定程度上对传统交易所市场价格形成不良影响甚至是操纵，导致金融市场体系的价格扭曲。风险之三是此类交易对技术的依赖程度很高，可能因技术问题或操作风险导致严重的流动性枯竭甚至系统性风险。

大规模的电子化场外交易成为金融监管的重点对象，这是金融交易平稳、金融市场有效以及金融体系稳定的内在要求。美国联邦法院、证券交易委员会等机构的处罚行为，反映了监管严格的趋势，主要表现在以下几个方面：

一是强化了金融监管力度。高频交易、黑池交易和场外交易等相关金融机构、交易市场和基础设施等，基本都被纳入到监管体系中，以防止出现监管漏洞或空白。二是提高了信息披露水平。根据法律规定，黑池交易等无需向公众披露信息、但需向监管机构公开，监管机构为此要求交易商必须健全信息报告制度。三是注重创新与监管的平衡。美国等监管机构并没有因违规交易而限制高频交易、黑池交易等创新手段，而是以强化监管来防范此类金融创新对价格、市场以及金融体系的冲击，注重金融创新与金融监管的动态平衡。

（作者：郑联盛）

（来源：人民日报）

国际金融危机与中国道路

国际金融危机的根源及对我国的影响

自2007年美国金融危机爆发以来，世界历史进入空前大变革时期。中国必须把主动应对这一世界大转变、实现科学发展、转变增长方式变成我们的自觉意识。

处理和应对当前危机的先决条件，首先在于必须正确认识这场危机发生的根源。造成这场危机的直接原因在于以下三个方面。第一，美国“非银行金融系统”的崛起以及不受监管的扩张。这主要表现为：自上世纪末以来，美国的主要支柱型大企业纷纷放弃“主业”或者“本业”，改行从事金融放贷业务，而这种大规模的“不务正业”，恰恰又是美国当局长期实行的“金融去管制化”政策放任支持的有意结果。

例如，通用电器(GE)这家由爱迪生所创立的工业设备企业，已经“成功转型”为非银行性的金融放贷巨头。其中，通用金融占公司利润的15%，通用商业融资占公司利润的27%，2007年，通用资本的利润额占到公司净收益的45%，而通用工业却仅占公司利润的5%，而这一部分的利润主要还是在美国境外（特别是由“通用上海”）实现的。通用金融部门之所以能够轻而易举地创造这么高的利润，其所采取的主要手段就是，通用电器公司利用其“企业信用”这个最大的无形资产，即“3A”评级，得以低息从银行获得贷款，然后立即转手以高息贷给那些信用评级较低、甚至无法从银行获得贷款的企业，这样，著名的通用电器公司就由一个历史悠久的工业设备制造企业，转变为一个主要依靠放高利贷牟取超额利润的企业。这种非银行企业的金融化，乃是上世纪末以来美国经济、产业结构发生巨变的主要标志，而通用电器的上述转型并非特例，甚至可以说，GE的金融化程度在美国超级企业中还远不是最高的。

第二，为了在技术上规避贷款的风险，这些金融化的大企业再与大银行联手，以发行企业证券和股票的方式，一方面获得巨额高利贷利息，另一方面又把贷款风险社会化了。

第三，由总部设在纽约、资本匮乏、监管松散的11家保险公司，为那些没有得到3A评级的借贷企业提供担保。它们担保的竟然是“经济不下滑、不衰退、次级贷款房主不会拿不出每个月都要交的按揭款”，而这无异于欺诈。

于是，当债务链条断裂之时，首先因无力赔付而陷入崩溃的是保险公司，然后是金融化的大企业，随后是银行，进而是股票市场、股民和全社会，最终便是美国的信用评级机构。而信用评级机构的破产，无异于“美国信用”的破产。

进一步说，美国经济这种结构性的问题，特别是大企业的金融化，乃是由于当今世界金融秩序的不合理造成的。它主要表现为长期以来，世界各国——特别是主要出口国不得不以购买美国国债白条的方式，将其通过生产、出口所赚取的大量美元外汇还给美国，而这就使得美国可以肆无忌惮地放手花钱、肆无忌惮地放贷，最终便是通过将债务和风险社会化、全球化的方式，以分散美国经济的风险和债务。值得注意的是，危机发生之后，美国政府所采取的“最为有力”的举措，就是由美国国家财政部出钱，去救助那些要垮掉的银行，并将资本大规模缩水的大企业“国有化”。而这种大规模“国有化”的举措，甚至被某些不明就里的人士欢呼为“美国走上了社会主义道路”。但是他们却忘记了，当前美国联邦政府的预算赤字早已经是天文数字，这也就是说，美国政府本身实际上根本没有钱去救银行、“国有化”负债企业，因此，美国进行所谓的“国有化”的资金，只能是动用中国等国家存在美国的美元存款，或者说，只能是通过印钞票使得美国国债进一步贬值而实现。这就是为什么我们必须清醒地认识到：当前美国所采取的应对危机的方式，只是通过向中国和世界分散和转嫁危机，以此来回避造成危机的上述两个最根本原因：一、美国经济的结构性痼疾；二、世界金融秩序的不合理。

空前的世界经济危机对我国造成了深刻的影响，特别是沿海地区已经融入美元经济体的出口加工企业所遭受的打击最为沉重。不过，这恰恰是从“反面”论证了我党在世纪初便提出的科学发展的英明论断的高度正确性、预见性。不过，科学发展观的落实和推行从来不是一帆风顺的，特别是由于在沿海地区形成了美元经济体的利益集团，它们通过出口经济和金融制度，在中国经济中控制、形成了中国的美元经济部分，且不肯放弃这种利益，因此，一个时期以来，中央的调控政策很难触及它们。从这个意义上说，恰恰正是当前的经济危机，为我们走上科学发展道路提供了重要的战略机遇期。当前，由于我们有党中央的英明战略决策，由于中国经济有很大的非美元部分，由于我们广阔的腹地和西部还有巨大的发展空间，由于我们有着庞大的内需市场，这就为中国经济摆脱美元霸权，摆脱世界经济危机的影响，铸起了几道坚实的防火墙。

科学发展观正是针对我国原有发展方式所具有的越来越严重的矛盾提出来的。第一，加大了我国的环境和资源压力。目前我国人均碳排放量仅为美国的四分之一，但是，生产净出口产品产生的碳排放却超过了我们总排放量的百分之二十，这些产品并非为中国人民所消费，而是销往了发达国家。说白了，在华外商企业占了我们排放量的70%，它们主要集中在东南沿海。毛主席早在1961年的《大兴调查研究之风》一文中就曾经指出过：我们绝“不要图虚名而召实祸”，经济工作的当务之急，应该是“提高产品质量，增加品种、规格，提高管理水平，提高劳动生产率”（我认为这是对科学发展最早、最经典的阐述）。一个时期以来，出口导向型的经济发展模式，恰恰使得中国赢得了“世界工厂”的虚名，却付出了沉重的环境代价，背负了巨大的资源压力。

第二，不利于我们扩大内需和发展民生。我国的出口企业主要是外商独资企业。我们只是靠提供土地和廉价劳动力搞组装，总利润低于3%；因为销售市场在外面，所以外商对增加中国人的消费能力、中国的内需市场丝毫不感兴趣，而是拼命压低工人工资，从而进一步抑止了中国的国内消费和内需；加上赚钱是他们的唯一目的，因而对于中国的环境、教育、医疗不承担责任。我们必须实事求是地看到：这种“两头在外”的外资企业引进越多，对它们的照顾、妥协越多，我们在科学发展、在民生上面也就越迈不开步子。

第三，这类外资企业出口再多，恐怕也无益于我们自主创新能力的提升。一份国外的研究报告甚至也这样批评我们的国有大企业：“2002年，中国公司用于购买本国技术的费用不足全部科技设备预算的1%，中国最好的公司与国内供应商的联系也最少，因此，中国的技术供应商便不会得到来自国内最好的公司的‘需求拉动’，从而刺激他们进行自主创新的能力。”。我们自己的企业拿了钱去买国外的技术，忘记了核心技术是买不来的，那为什么不把钱投到我们的自主研发上呢？现在绝不是简单的没有钱的问题，而是国家只管投钱，但却没有建立起严格的考核制度、监管制度。如果科研机构拿了国家的钱没有搞出真东西，那就是犯罪，需要追究相关科研机构的责任，如果国有企业的领导人不扶植和优先购买中国的自主技术，那就是渎职，也应该追究责任。

第四，出口换美元，美元在我们这里是不能花的，只能存起来等待贬值，这样我们就是以我们的实体经济支持了美元，而不是支持了人民币经济。这好比我们山西往日本出口煤炭，但换来的是美元，这些美元只能存在中央银行或者交给国家外汇管理局，结果是尽管出口了那么多煤，我们山西还是缺乏自身发展的资金，还是穷。

而我们应对这些矛盾的方案，就是把经济转向内需，而转向内需就要促进国内消费。当前，我们遇到的根本问题，若简单一点说来便是老百姓手里没有钱，或者由于养老、医疗、教育、住房等压力，老百姓即使有点钱也不敢消费。而要解决老百姓无钱消费的问题，短期方法当然是可以通过创新金融手段，鼓励按揭消费、乃至发放消费券等方式来刺激和带动需求，但这等于将经济风险和经济产能债务化、社会化，而且充其量只能起一个短暂启动内需的作用，从根本上说，扩大内需，需要通过扩大就业和提高劳动者工资和收入来解决，需要通过加大在教育、医疗、住房这些民生方面的投入来解决。一句话，只能通过坚决落实科学发展观来解决。

世界经济危机反思那种一方面把出口换取的美元还给美国，另一方面再引进外资的畸形发展模式。我们有2.5万亿的美元储备，怎么还需要大量引进港台、日本、韩国乃至印尼的资金呢？这就是因为我们的消费市场在国外，投资也来自国外，这暴露出中国经济的一个部分的增长，乃是依靠美元而不是人民币来驱动的，暴露出这一部分实体经济所支持的乃是美元经济，而非人民币经济。片面鼓励沿海经济与港台地区、日韩等国接轨，说白了就是鼓励其与美元经济体接轨，因为上述这些地区都属于美元经济体，是美国经济的附庸。当前，由于我们的经济中存在人民币经济与美元经济两个部分，结果就造成了宏观经济政策陷入到矛盾和两难的境地：即一方面要保持中国经济的健康发展，另一方面为了手里的美元储备的缘故，又不得不维护美元经济体不垮台。审时度势，我们当前必须考虑：目前美国仿佛是正在下沉的泰坦尼克号，我们不能为了维护美元经济体的安全，而牺牲自己宏观经济的健康，那将是很危险的举措，可能被美国和美国的附庸们所严重损害。其实，国家可以把一部分外汇储备拿出来做担保，让工商银行或者哪一家国有银行向山西发放人民币信贷，然后山西省又利用这些人民币信贷去支持有利于本省和全国长远稳定发展的项目。

关于中国道路

60多年前，在延安整风时期，毛泽东同志曾号召全党从马克思主义出发，去研究中国历史，特别是中国近现代史，并对世界形势作出科学判断，以“进行一次马克思主义启蒙运动”。今天，我们同样需要从马克思主义和科学发展观出发，认识中国历史，特别是近现代史，并对当前国际局势作出科学判断，我们今天同样需要一次深刻、全面的马克思主义、科学发展观启蒙运动。

我个人认为，从世界历史路线图的角度观察，迄今为止，现代人类社会大致经历了三次重大的转变：公元10世纪开始的“唐宋之变”、16世纪开始的西方社会推动的资本主义大转变、20世纪兴起的科学社会主义大转变。

按照日本京都史学派的奠基人宫崎市定的研究，中国的“唐宋之变”是人类社会最早由古代社会向现代社会的转变。最近英国学者约翰. M. 霍布森出版的著作《西方文明的东方起源》的理论基础就是京都史学派关于中国率先进入现代的论断。

作为人类第一次现代大转变的“唐宋之变”，有如下五个重要内涵。

首先是交通的革命和世界广泛联系的形成。实际上，元帝国已经开拓了一个跨文化和跨欧亚的广阔的陆上交通线，交通日益依赖于运河和海洋，宋、明、清皆定都于运河沿线．1405年发生了郑和大航海，到1433年共7下西洋。从那个时代开始，通过陆地与海洋交通线的开拓，中国已经和世界紧密联系起来，一个由中国带动的世界市场和世界经济开始形成。

其次，从经济上说，宋代田赋只占国家税收的不到一半，另一多半来自盐利、工商贸易关税（包含海洋贸易和北方对契丹、西夏和辽的贸易）。明正统元年(1436)，江南官田折纳“金花银”，这意味着皇家土地第一次变成了货币资本，一条鞭法实行货币税收，标志着货币经济的普及，标志着市场效率和“勤劳革命”的原则支配了经济的发展。包括晋商、徽商在内的“十大商帮”兴起，商品经济发达。

第三是焦炭冶铁技术的突破和迅猛发展，与此相关的是航海巨锚的生产与瓷器冶炼技术的突破，这些标志着第一次现代能源和制造业革命。

第四是科举制度消灭了贵族制度，使得国家能够通过一种比较客观的尺度，平等和高效地从全社会选拔人才、集中人才和掌握人才。

第五是文化上走向自由，就儒家而言，就是从注释“五经”中解放出来，更专注于个人化、思想性和议论性的“四书”，民间文化开始发达，这导致了四部杰出的长篇小说的产生，与古代和当时的世界比较，应该说这是一次全面的文艺复兴。

特别是宋明新儒学提出了宇宙乃一“本然自生之和谐”的洞见，不承认有任何造物主、“第一因”的主宰，这在人类文明史上是非常先进的。“为天地立心，为生民立命，为往圣继绝学，为万世开太平”——张载的著名语录所倡导的是天下的关怀，提出的是世界和全人类的视野，主张从全人类和全世界的立场上看待问题，代表着现代人类思想和精神的第一个高峰。

而在上述五点中，中国与世界的联系、对世界的影响尤其重要。出于稳定世界局势的考虑，在这种广泛的联系中，被称为“朝贡体系”的世界贸易和金融秩序，起了关键性的作用。

中国一向有“华夏不治夷狄”，即不统治华夏文明圈之外国家的信念，所谓“朝贡”用今天的话来说，就是指世界各国人民各自带着自己的物产和收获，定期向人类共同的祖先和大自然表示感恩的仪式，这种仪式定期举行，而主要是由当时世界上最发达的国家中国承办。故《春秋繁露》解释说：“以祖配天，天下诸侯各以其职来祭，贡土地所有，先以人宗庙，端冕盛服而后见先，德恩之报，奉先之应也。”

联系世界的朝贡贸易体制和朝贡金融体制，体现了中国文明对于现代世界的第一次勾勒，其核心就是一个全球合作型社会的理想，即现代社会不仅仅是一个世界联系日益紧密、货币商品经济日益发达、能源和技术不断进步、文化思想日益具有自由和创造性的社会，而且是将商品经济、市场经济与社会团结紧密融和在一起的社会，是一个强调尊重人类共同历史文化遗产、感恩自然的社会。

人类现代社会的第二次大转型发生在16世纪，并在19世纪达到高峰，这是由欧美国家所推动、并形成了以“威斯特伐利亚条约体制”为核心的西方列强主宰、分割世界的强权秩序。威斯特伐利亚条约体制奠定了现代世界第一个“强权政治”构架，它把西方列强之间的武力竞争与对抗作为国际秩序的基础。这个强权秩序与中国所勾勒的世界秩序最大的不同在于：前者指向一个全面竞争型社会，后者则指向通过和平、合作谋发展的合作型社会。

概括起来说，西方现代性具有“一个中心、两个基本点”：以全面竞争型社会为本位、为中心，以军事和金融扩张为两个基本动力，这乃是欧美社会驱动的第二次大转型的根本。社会学家查尔斯？蒂利说：在1500年以前5个世纪里，欧洲统治者们一门心思全放在准备战争、支付战争费用和弥补战争损失上，从中产生了为国家筹集、经营和投放战争借款的银行家阶级。1492年，西班牙军事占领美洲，从而开启了欧洲以军事掠夺世界谋发展的殖民地经济模式，而西方的金融筹款制度，又为其军事扩张提供了强大的金融动力。从金融上说，16世纪以来，欧洲先是以美洲白银换取中国物产和黄金，为其崛起积累了大量财富，在1810年之后，白银枯竭却掌握了大量黄金的欧洲，则以金本位制粉碎了世界白银货币体系。“二战”后变为美元本位，

1971年之后变为由美国国债驱动世界经济的债务经济模式。在所有这些体系中，欧美国家通过军事霸权和金融霸权统治世界这一点没有改变。由于在欧美崛起的过程中，军工与金融是两个主要动力，所以才造成军工集团和金融集团始终是两个最大的资产阶级集团。

当然，科学技术的飞跃式发展，也是这次大转变的一个突出标志，但是，西方世界的科技革命，始终具有提高劳动生产率和节约雇佣劳动力这两个取向，后者体现了资本积累最大化的原则，体现了尽可能大量使用当时还很廉价的自然资源、以机器的方式代替人的劳动，实现资本最大化的原则，因此，在资本积累的逻辑支配下，掠夺自然、排斥人和人类劳动，这是西方科技发展中的一个重大弊端。

概括来说，现代人类社会的第二次大转型，带来了人类军事技术和金融技术的飞跃性革命，伴随着生产科学技术的飞跃式发展，但是，它也造成了为争夺殖民地而进行的两次最残酷的世界大战，带来了一个严重不平等的世界结构，带来了南北对抗和东西方的对抗，带来了人类文明遗产的毁灭、特别是带来了大自然的严重破坏，带来了对科学技术的严重误解和误用。而最近发生的美国金融危机、全球一系列重大的生态灾难、世界范围内贫困人口的急剧增加，特别是美国在全世界军事冒险的不断失败，标志着那种单一强调全面竞争的资本主义和帝国主义的发展方式，正在陷入深刻的危机中。

现代人类社会的第三次大转型，是以马克思主义的诞生和世界社会主义运动、民族解放运动的兴起为标志的，它是对第二次现代转型的批判和扬弃。第三次大转型有四个创新和一个基本目标，四个创新是：一、以生产资料的优化配置促进生产力的发展；二、通过政治制度变革，增加国家能力，以发展中国家和地区的赶超发展来促进世界的平等；三、把人民福利的提高视为衡量发展的基本尺度；四、以和平、合作的发展模式代替竞争与争霸的发展模式。一个基本目标是通过创新和扬弃旧的发展模式，追求人类的全面发展。

马克思主义的真理有一条，就是以合理分配、配置生产资料的方式，推动生产力的发展。因为资本主义社会的最大弊端，就是少数人垄断生产资料，资本的性格是不择手段地攫取短期利润，这势必导致生产资料迅速地被配置到“利润最大化”的领域，生产部门的不平衡和社会的不平等因此就不可避免。如果没有社会的约束，如果没有社会斗争和民众抗议、如果没有社会保护运动，如果没有政府的干预，单凭市场，资本主义一定会造成严重的社会危机、经济危机，资本主义代表片面的发展观，而社会主义的基本标志，就是生产资料的更合理、更协调、更公正的分配和优化配置，这是历史的结论。

马克思的《资本论》从金融货币资本与工业劳动资本的关系入手，深刻地解释了虚拟经济与实体经济的关系，揭示了经济发展与社会不平等扩大的根源。当代欧洲最重要的思想家之一斯拉沃热？齐泽克在他最近的一篇文章中深刻指出：“马克思将使用价值和交换价值的对立界定为资本主义的基本矛盾，在资本主义社会中，它们的对抗达到了极致——交换价值获得了自治，它转变成了自我推动的投机资本这样的幽灵，而它之需要生产力和现实的人，仅仅是将他们作为自身暂时的可处置的具象。……马克思的这一分析在今天具有无比的真实性，因为在今天，虚幻世界与真实世界之间的紧张关系已达到了前所未有的无法忍受的地步：一方面，我们进行着期货、并购等疯狂的、唯我独尊的投机，遵循其内在的逻辑；另一方面，现实以生态灾难、贫穷、第三世界社会生活崩塌之后爆发出来的疾病、疯牛病等形式不断地追迫了上来”。

正如《纽约时报》一篇文章的标题所揭示的：今天的“一切都被马克思说中了”，在当今世界历史发生根本性大转变的时代，一切进步的人、一切共产党人，都应该像齐泽克那样，结合当代世界的现实，认真重读马克思主义的经典文献，以对真理的追求、清醒的头脑，结束那种六神无主、像热锅上的蚂蚁、迷信资产阶级庸俗思想的状态。

第二，发展中国家和地区的赶超发展与促进世界的平等。列宁的《帝国主义是资本主义的最高阶段》，从私人垄断银行和跨国垄断企业破坏公平、公正的世界市场入手，深刻描述了帝国主义时代的基本特征，提出了通过无产阶级先锋队领导的民族革命，争取国家政治、军事和经济主权，这是发展中国家摆脱帝国主义统治，摆脱跨国公司垄断、国际资本金融垄断，实现独立自主的快速发展、建立一个更公平的世界市场、更合理社会的必由之路。苏联由一个落后国家，迅速建成一个能抗衡帝国主义秩序的世界强国的历程，证明了列宁道路的正确性。今天美国的产业资本已经大规模地“升级”为全球金融垄断资本，正是它们造成了今天世界范围内的经济和金融危机——这一切更证明了列宁的论断。

第三，以毛泽东同志为代表的中国共产党人，把“为人民谋幸福”、提高人民福利特别是广大最基层人民的福利视为衡量发展的基本尺度。

前几年获得诺贝尔奖的英国籍印度经济学家阿马蒂亚？森和他的比利时同事约翰曾做过一个重要的研究：他们比较了1947—1979年间印度和中国的人口死亡率。印度由于信息的相对畅通，没有发生像中国三年自然灾害的大范围饥荒，但是中国一旦纠正了信息畅通的问题，就彻底杜绝了饥荒，而且，由于中国的医疗制度的普及，中国的人口死亡率下降较印度快了许多。结果是，30年来中国比印度少死了1亿人之多！一亿人口，这是非常了不起的数字。他们的研究指出：通过比较印度和其他水平相近的发展中国家，这是新中国对于人类作出的最大贡献，也是中国模式的主要特征。森通过把社会公正分配纳入到经济学的视野中，指出：改善大多数最底层劳动者的福利，这才是实现社会公正的真正途径，从这个意义上说，新中国的发展模式既是理想的，也是理性的（成功的）。

世界银行2007年公布的报告指出：自20世纪70年代末以来向世界金融机构借贷的160个国家中，只有中国、印度和韩国通过利用外资的方式成功地实现了发展，其余150多个国家均陷入债务危机，截至2006年，第三世界国家的债务总额达3.7万亿美元，20世纪80年代，阿根廷、巴西、印尼、伊拉克、墨西哥、菲律宾、俄罗斯和土耳其等中等收入国家亦沦为世界上最大的债务国之一。形成鲜明对照的是：中国于2004年无偿赠款4000万美元给世界银行，用于支持第三世界的发展，这一点只有中国能做到，印度和韩国也做不到。由此可见，“利用外资谋发展”在世界范围内是一个特例，而中国利用外资成功的原因主要在于以下四点：一、政治稳定，政府的高效和执行能力；二、门类齐全的产业基础；三、社会平等；四、高素质、善于合作的劳动力。而上述四点，主要应该归功于长期社会主义革命和建设所打下的坚实基础，它说明改革开放是有条件的，不是无条件的，它表明：30年社会主义建设与30年改革开放是一个有联系的整体，任何割断这种联系的企图都是不能允许的。

第四，以和平、合作的发展模式代替竞争与争霸的发展模式。上世纪70年代末，以邓小平同志为代表的中国共产党人，精辟冷静地分析世界局势，作出了资本主义与社会主义将在一个阶段长期共存的深刻判断，带领我们回到扬弃、而不是简单否定西方发展道路的马克思主义立场，指出：要抓住资本主义陷入1971年金融大危机的关键战略机遇期，大胆打开国门，引进西方的先进技术、先进设备和先进经营管理经验。同时，小平同志深刻指出：和平发展不是放弃斗争，这是因为和平发展与霸权主义这两个理念是根本上对立的，和平发展就是对霸权主义模式的否定和创新。他老人家说："中国这么多人，融到人家那里是根本不可能的：现在的世界市场已经满满的了，打进去都很不容易，搞不好就会成为人家的附庸国，西方资本主义国家一直妄图把中国变成他们的附庸国，所以我们要坚持走自己的路，坚持社会主义，理直气壮、旗帜鲜明。"

关于改革开放的总体路径问题，小平同志曾这样设想：到了20世纪末达到小康水平的时候，就应该把共同富裕的问题提上日程。1990年12月24日，他在同几位中央负责同志谈话时说："共同致富，我们从改革一开始就讲，将来总有一天要成为中心课题。社会主义不是少数人富起来、大多数人穷，不是那个样子。社会主义最大的优越性就是共同富裕，这是体现社会主义本质的一个东西。"他特别指出："中国情况是非常特殊的，即使百分之五十一的人先富裕起来了，还有百分之四十九，也就是六亿多人仍处于贫困之中，也不会有稳定。中国搞资本主义行不通，只有搞社会主义，实现共同富裕，社会才能稳定，才能发展。社会主义的一个含义就是共同富裕。"在1990年7月视察国家奥林匹克体育中心场馆时，小平同志更尖锐指出改革开放的目标不是简单的增长、致富，而在于发展的目标和路径这个关键问题，发展的目标和路径是前提、是基础。他说："我们实行改革开放，这是怎样搞社会主义的问题。但作为制度来说，没有社会主义这个前提，改革开放就会走向资本主义，比如说两极分化。中国有十一亿人口，如果十分之一富裕，就是一亿多人富裕，相应地有九亿多人摆脱不了贫困，就不能不革命啊！九亿多人就要革命。所以，中国只能搞社会主义，不能搞两极分化。”

对照当前国内外形势的变化，全面、深入、准确地理解邓小平理论，我们必须清醒地认识到：我们今天之所以能够取得这样的国际地位，我们的发展之所以能够导致国际力量态势对比的新变化，绝不是因为我们手里有了几个美元、“一部分人富起来了”那么简单的事。从国际视野看：归根结底，这是因为我们和平、合作谋发展这个基本目标、这个基本的发展路径日益深入人心，是这个路径和理念在国际上得到欢迎和支持的缘故。例如，今天的欧洲开始响应中国以和平、合作谋发展的号召，逐步抛弃了以国家利益为核心、以战略均势和对抗为保证的威斯特伐利亚条约强权政治，日益强调谈判、重视外交和商业关系的根本作用，日益强调国际法，强调说服的作用，摒弃武力，不主张进行武力威逼。近代以来，一直都是中国跟着西方的世界观走，现在欧洲开始跟着中国倡导的模式走，这是一个很大的变化。当然，欧洲的这种转变引起了霸权主义国家的极大不满，美国著名的鹰派人物卡根最近指出：“欧洲人发明了强权政治，但是，现在却相信基于良好愿望的理想主义，可见欧洲正在背叛欧洲的传统，今天的欧洲已经沦为不分是非、不分敌我的软弱势力。”这种言论恰恰表明：当今世界不仅有人不愿看到中国的发展，而且也不愿看到欧洲的团结乃至欧盟的壮大，而是希望欧洲退回到威斯特伐利亚条约时代那种彼此互相威胁、彼此互相攻伐的状态中去。

与中国走得越来越近的不仅仅是欧洲，也包括美国内部那些真正有头脑的思想家。日前，北京大学邀请著名语言学家、当代最杰出的人文知识分子诺姆?乔姆斯基来华演讲，在接受采访时，乔姆斯基这样分析今天的世界局势：“今天的美国政府害怕中国，这里的害怕恰恰并不是因为军事上的威胁。这并不是开玩笑，国际关系多少有点像黑社会，比如黑社会老大发现有人没有交保护费，又没有方法胁迫他就范，美国对中国恰恰就是这种情况。……面对充满敌意的美国政府，委内瑞拉出口部分产品到中国，拉美其他主要的出口国，如巴西、智利、秘鲁也纷纷向中国示好，加强与中国的经贸合作。中国开始让他们获得利润，这些贸易挖了美国的墙角。美国政府官方报告《国家战略分析》把中国视为首要的长期威胁，这当然不是出于军事原因，没有人认为中国会在军事上侵略别人，也没有人认为中国会希望发展更厉害的防御武器，就因为美国威胁不了中国这么简单的原因。”

中国与美国的根本不同是发展理念的不同，这就是我们主张和平、合作谋发展，而美国国内的保守派却依然把当今世界理解为“美国的战利品”，不肯放弃霸权主义和强权政治。作为美国国务院官员的卡根这样露骨而直率地说：“美国所能够想象的、唯一的、稳定成功的国际秩序，就是以美国为中心的国际秩序，同时，美国无法想象一个不用武力、特别是美国武力保护的国际秩序。美国从来没有不使用武力而实现理想社会的经验，美国从来不相信存在一个成功的超国家的治理经验，因此，美国不可能遵守国际法和国际机制，美国认为：规范国际行为的法律之所以能够存在，就是因为有美国的武力来保护它，现在欧盟和中国要求美国遵守国际法，这如同要求秩序的缔造者遵守秩序一样可笑。”他还说：“9·11之前，美国战略圈已经把矛头对准了中国，从更广泛的意义层面上看，这已经成为美国战略计划的一个组成原则。把中国看成下一个重大战略挑战者，这种观点在克林顿时期的五角大楼里就形成了。布什上台前后，尖锐指出中国并不是美国的战略伙伴，而是一个战略竞争对手。至此，中国是美国的挑战者的原则得到官方确认。”“感谢上帝给我们提供了这种无情的挑战，使我们紧紧团结起来，保卫国家的安全并接受历史赋予我们的道德和政治领导使命。”

但是，这位卡根先生过高地估计了美国的实力，过低地估计了要和平、求发展的世界大势，在这一点上他恰恰不是他自己所标榜的“现实主义者”。伊曼纽尔？沃勒斯坦最近指出：美国的战争机器已经彻底退化为了机器，今天的美国只能靠先进的机器打仗，因为没有白人中产阶级愿意去送死，结果政府只能动员那些黑人和少数族裔青年上战场，历史证明：在阿富汗和伊拉克，靠先进的机器不能解决问题，决定战争胜负的只能是人，而美国缺少的恰恰就是人。一场伊拉克战争，造成了3万多美军伤残，美国政府必须付给他们每人800万美元，光这批人的抚恤金就够今天的美国喝一壶了。《超级帝国主义》一书的作者迈克尔？赫德森指出：造成美国国际收支逆差的真正因素，其实是庞大的军事支出和海外军事基地的建立，并不是它一直强调的对华贸易，而自奥巴马总统执政以来，这一点显得尤为突出，因为他进一步升级了阿富汗战争，今天，对于朝鲜和伊朗，美国不是不想进行军事干涉，而真正制约了美国霸权主义的其实是美国现在没有钱了，美国必须在穷兵黩武与国家全面破产之间作出选择。今天的美国制约中国的唯一办法，只能是利用冷战的余孽、利用中国周边那些“错误估计了形势”的二、三流国家给中国制造麻烦，它的手段已经非常有限。因此，与卡根这种强权政治的宣传不同，美国国内也有清醒的声音。乔姆斯基说：“美国有一份关于文学和科学研究的杂志，里面的文章在美国是比较受推崇的，一位非常著名的战略分析家约翰？史坦布兰诺两年前曾在这本杂志上发表过一篇文章，警告美国政府，尤其是当政的布什政府，军事侵略政策最终将带来毁灭性的灾难。这个观点得到了一群严肃的战略分析家的普遍认同。他们认为，应该由中国领导联合呼吁爱好和平的国家，同美国的军国主义相抗衡，而不能由欧洲领导，因为欧洲是美国的同盟。”

乔姆斯基的精彩分析，透辟地讲解了当前的国际形势，这表明，由于我们坚持和平、合作谋发展的理念，当今的世界力量态势对比确实已经发生了深刻变化。他更提醒我们，我们对霸权主义最大的“威胁”，不是别的，就是我们坚持和平、合作谋发展的新的发展观。如果我们分不清国际力量态势的大势、大局，跟美国比核弹头、GDP，比谁的胳膊根子更粗，乃至跟着美国的节拍与它搞冷战对抗，而不抓住机遇改革开放谋发展，为人民谋幸福，那就是走左的道路；但是，如果我们给美国当跟班，不能抓住战略机遇期，迅速地主动转化、提升，全党、全军、全国各族人民众志成城，对于形势和科学发展观有高度的思想自觉，那不仅仅是右，而且更将有可能沦落到拉美、前苏联、东欧乃至伊拉克那种境地。我们必须警惕地注视着并有效防御着帝国主义的军事动作，时刻以高度清醒的头脑、有效的战略分析保证中国的和平稳定发展；同时，要到世界的各处去寻求合作，去宣传和平、合作谋发展，这样做，我们不但可以从根本上深深地制约美国的霸权主义，更可以改造不合理的世界秩序，可以改变世界地缘政治的不平衡局面——这样，我们就给一切霸权主义造成了根本上的打击和威胁。

在中国历史和人类历史发展的重要转折关头，以胡锦涛同志为核心的党中央，集合中华民族的伟大智慧，结合马克思主义真理，提出了科学发展观。科学发展观的提出，第一次全面、系统地揭示和阐释了中国道路的先进性，标志着我们从长期模仿、追赶的被动的地位，一举转化为当今世界上主动的、建设性的乃至主导的力量。宣传和落实我们的发展道路、方式和目标，就要求我们提高自己的视野、水准，理直气壮地提出我们对世界大事的看法，表达我们对国内时局的判断，因为我们是中国人，是世界人口的五分之一，我们需要有自己的声音，深刻地揭示世界的真相、理直气壮地表达对自己长远利益的诉求。大力宣传和落实科学发展观，既是要让我们的人民了解真理的道路，也是旗帜鲜明地让全世界了解我们的立场，了解我们对于人类进步和中国发展的创新思路。

我们同时必须认识到，我们的发展路径和理念，一直受到来自国际和国内的、左的和右的干扰。英国谢菲尔德大学教授克里斯？布拉莫尔在《现代中国》杂志2009年7月号发表了《走出黑暗——中国转型之路》一文，文章指出：自1978年以来，中国经济确实在快速增长，但是，中国也几乎错失了一个历史性的机遇，即没有继续发展和完善毛泽东时代建立起来的医疗和教育方面的福利制度，没有高度重视环境和资源的保护，更没有适时地将其经济能力转化为政治和理念上的自主性，而是在某些自诩的“主流经济学家”的鼓噪下，转向了盎格鲁—萨克森模式，过于一味地追求GDP的增长，结果造成了一系列严重的经济社会问题，包括：只重视产品的价格优势，而不是质量优势；只重视劳动力的廉价，而不重视劳动力工资的提高和劳动生产率的提高；过分重视资本特别是金融资本，而忽视就业、环境；追随美国式的医疗改革，而忽视人民的健康和福利——这些都为中国经济的可持续发展制造了严重瓶颈。幸而2008年的全球经济危机，使得盎格鲁—萨克森模式遭到了世界性的唾弃和质疑，这同时也再次给中国提供了一个建立小康社会主义的机会。他指出：“胡锦涛和温家宝认识到：另外一种可选择的现代性对他们而言是可能的，中国果断迈向小康社会主义的时机现在已经成熟，中国的转型之路，标志着中国领导世界时代的真正开始。”“天下大乱，首先是乱了西边”。如果说这是“五百年未有之大变局”，那么面对世界巨变，只要我们能够坚持中国特色的社会主义道路，坚持科学发展观，就能够把握世界历史变革的主动权，我们的前途和世界的前途就是光明的。

面对当前世界格局，我们面前的道路无非三条：第一条是巨变当前，毫不觉悟：以为人家出钱，我们卖资源，人家出技术，我们出劳力，人家卖债券，我们卖实体，这样挺好、挺公平，而且以为这种发展模式是可以持续的。第二条是有所觉悟，但无所作为，两手攥空拳没有办法，只有忿忿不平，最多只是在原有的道路上修修补补，这其实等于没有真正觉悟。第三条就是致力于打破这种不合理的分工体系，瞄准技术的最高端、人才的最高端和管理的最高端，突破封锁、突出重围，实现跨越发展、转型发展——这就是真正的觉悟，是巨变当前的真正觉醒，是真正的摆脱了自发意识，走向科学发展的自觉意识。

关键是观念的转变

转型发展、科学发展，关键在于同志们观念上要转变，因为人是最大的生产力，具有先进发展理念的人是历史进步的火车头。当前的主要问题是：在资本主义陷入空前危机的时代，有些同志却依然深深地迷恋美国道路、迷恋资本主义的发展路径、迷恋旧的发展模式和价值观，实际上，在今天的美国，除了一如既往、处心积虑地转嫁自身的危机、将其债务“全球化”之外，恐怕连奥巴马本人也不知道美国究竟该往哪里去。有人竟然以为只要跟上美国就万事大吉了，这实可谓是巨变当前、大梦未醒。

今天社会“自发意识”的突出表现就是：由于对人类历史发展的基本路径认识不清，以至于对于中华文明不自信，对于美国太迷信。而要确立起对科学发展道路的自觉的真理意识，必须通过“对历史形势的科学判断”来达成，必须通过深刻的学习和研究来达成。

美国以债务驱动的过度消费的发展模式是不合理、不可持续的。今年7月1日的《经济学家》杂志上有一篇文章指出：1970年以来，占美国人口五分之一的高收入阶层的收入增加了60%．而占五分之四的人口收入却下降了10%，其中，靠中国发了大财的沃尔玛一家的收入，竟比三分之一美国家庭（一亿人口）的收入总和还要高。为了怕这么多穷人造反，美国政府想出来的“歪点子”，就是让老百姓能够借债消费，通过鼓励和宣传借债消费这种寅吃卯粮的愚民政策，来打肿脸充胖子。但是，这里的钱从哪里来呢？一方面是把美国自己的资产泡沫吹大（直到今天终于开始吹爆），而更主要的就是向穷国——特别是世界上最大的发展中国家中国借债。美国利用我们出口的物美价廉的商品、利用我们借给他们的钱来安抚国内的形势、安抚国内广大的穷人，用我们的钱继续维持着他们高度不平等的社会制度，同时却反过来打压我们。

今天中美之间虽然说是互相需要，但究竟是美国需要中国多一些，还是中国需要美国多一些呢？实际上是美国需要我们多一些，但是，有些人就是没有看到这种国际关系的实质，看不到我们自己的“本质力量”，总以为今天的中国离开了美国就不能活了。而事实上，从财政上看，2007年美国的GDP只有14万亿，它的国民总债务却是52.7万亿，到2015年，美国的国民总债务与GDP的比例将达到100%；竟是我们的前途大一些呢，还是美国的前途大一些呢？很显然，与美国这样一个财政上破产的国家比较起来，当然是我们的前途更大一些，而当前有些人就是看不清大形势，却反过来拼命唱衰中国，神化美国，甚至鼓动大家有两个钱就要赶紧转移到美国这艘“泰坦尼克号”上去。有些媒体对上述基本的数字、基本的事实置若罔闻，盲目相信美国的宣传，甚至死心塌地帮助美国搞宣传，仿佛是被美国宣传机构雇佣的，这就是错误地把我们总体上的主动，当作了总体上的被动，如此也就不能真正把握住我们的战略机遇期。

实际上，美国利用强大的文化、思想宣传能力，在全世界范围内造成了强大的美国迷信和美国崇拜，而只要这种心态和迷信不改变，美国就仍然可以被“打工国家”们养起来，美国经济就永远不会破产——而这就是文化乃至政治反过来决定经济的好例子。

山西省委领导同志认为：应对国际金融危机，绝不仅仅是政府拿钱刺激实体经济，而更主要、更根本的目标在于转变这种不合理、不可持续的发展方式。只有认识到当前国际关系的实质，从美国迷信、美国依赖中彻底解放出来，从美国宣传的愚民政策中警醒过来，我们才能真正具备发展模式转变的思想和舆论基础。

从这个意义上说，当今世界是否存在着文化战争呢？是否存在着“软实力”的较量和激烈争夺呢？毫无疑问是存在的。

当今中国的舆论界流行着三个“共识”，或者三句话：一、中国几千年来都是小农经济、闭关自守；二、社会主义等于计划经济，计划经济等于贫穷落后；三、资本主义等于市场经济，市场经济等于发财致富。而这三句话实际上没有一句是科学的、是符合历史事实的、是经得住实践检验的。它不但是十足的“三俗”，而且前两句从文化上否定了中国历史，也否定了我们近一个世纪的伟大奋斗。以极其肤浅的所谓“社会共识”、普世价值系统地否定自己的历史，这是前苏联共产党垮台的根本原因所在。为什么戈尔巴乔夫这些所谓的“高级知识分子”会把人家的路径、目标、理念和模式当成“普世”的呢？这就是因为他们丧失了自己的路径、理念、目标和模式的信心，而只是凭借着长期“服从潮流”“追随潮流”的习惯本能、迷信欧美庸俗文化的缘故。从这个意义上说，戈尔巴乔夫之流有什么理念？除了做表面功夫和爱赶时髦之外，治国理政的战略、理念他一丝一毫也没有，抓住的只是道听途说、哗众取宠的西方文化皮毛——而且是西方文化最庸俗的部分。

说到这里，我要重点提出，敌对势力利用台港澳争夺文化霸权、软实力的问题。

著名爱国华侨学者廖子光先生关于香港问题的意见，尤其值得我们深思。他说：

现在国家不得不支持他们，不是因为中国经济需要它，而是因为如果香港失败了，中国在政治上很被动。但是，这些金融资本得到中国的帮助后，不谢谢中国政府，却竟然去感谢什么自由市场，还说自由市场就是好。同时，外国势力支持这些金融机构，利用它们颠覆中国，传播威胁国家安全的信息，影响中国的思想。

同样，对台湾，我们向他们开放商品市场和投资市场，这在很大程度上是我们从祖国统一大业出发对台湾的“仁政”。既然是“施仁政”，那就必须理直气壮地讲清谁需要谁、谁依赖谁、谁对谁施仁政这个问题。如果搞得仿佛是台湾当局代表仁政，那么就不但是经济上失分，而且更是文化和政治上失分。

实际上，围绕着如何认识中国历史、世界历史，特别是中国近现代史的激烈斗争，一天也没有停止过。我们放弃、丢掉了鲁迅，人家却高举起胡适这个殖民地文化的祖师爷。台湾的作家、文化官员龙应台，在世纪之交出版了《大江大海1949》-书，她的核心观点是：国民党输掉的是政权，但获得的是文化领导权，因为他们代表西方的自由民主这个“理念”。用所谓的“大海”来对抗“大江”，用所谓“海洋文明”来对抗内地，这难道不是依照一种理念排斥另外一种理念吗?

敌对势力利用港澳台为基地，大量出版妖魔化中国大陆、妖魔化共产党的各种“野史”，其消费对象都是大陆游客，香港文化产业依靠“中共党史”大发横财，这难道不是一个很值得注意的现象吗？历史证明：文化共识的取得，绝不能靠文化妥协来解决。有些人把洋奴文化捧上了天，把自己的人民和祖宗摔在地下，我们共产党人就是要将底层劳动人民视为先进文化的主体和创造者，而不是被可怜、同情的对象，因为这就是中国革命文化的基本主题和理念，是五千年文明史上从来没有过的创举，是最大的仁政。打倒帝国主义、封建主义和买办资产阶级，这是我们党所揭示的真理。放弃这个文化创举、放弃这个真理、放弃了这种大仁政，卷旗缴枪，我们的奋斗就丧失了合法性。从最根本上说，我们有13亿勤劳勇敢的人民，依靠内需谋发展，其实质也就是科学发展观，就是依靠13亿人民谋发展，发展的目的又是满足13亿人民的需求。我们的可持续发展不能依靠美国和美元经济体，我们更不能走东亚儿国那种殖民地经济的道路。我们在任何时候都不能放弃我们的发展目标，放弃我们对自己发展路径的自觉。

（作者：韩毓海）

（来源：国外理论动态）

深化改革要完善政策性金融

政策性金融的存在，填充了商业融资与财政支出的“中间地带”，弥补了政府与市场间的空白，有助于实现政策性与盈利性的统一。此前公布的三大政策性银行深化改革方案，对三大政策性银行的定位和路径选择，符合当前经济发展和改革对政策性金融的诉求

近日，中国人民银行行长周小川对“十三五”规划纲要中金融体制改革的相关内容进行解读。他表示，现阶段应强调开发性金融和政策性金融，不仅是完善金融机构体系的需要，也是应对全球金融危机的需要。

我国经济正面临深层次结构性调整，与发达国家相比，基础设施建设、企业“走出去”、“三农”等一系列重点领域和薄弱环节仍需加强，迫切需要强有力的金融支持。

对商业银行来说，这些领域带有公益色彩，与追求利润最大化的目标存在一定矛盾。同时，部分领域大额、长期的资金需求，也让商业银行有心无力。加之，国际金融危机的影响还在继续，也让多数商业银行在资产业务方面更为谨慎。从回避风险的角度来讲，纯粹依靠商业性金融承担政策性业务，并不可行。即使由财政为商业银行提供补贴，其空间也是有限的，无法做到可持续发展。

理论上看，公益属性强的领域似乎更适合由财政资金来支持完成，但实际操作层面，由于我国各地政府财力不同，财政资金又往往具有无偿性、强制性等特点，资金效率配置难免低下。因此，在介于公益性和商业性的“0”和“1”之间，政策性金融和开发性金融就有了存在和发展的必要，其从事的主要业务低于商业性回报，但又不完全是公益性的，这部分业务的发展可以

不以盈利最大化为目标，同时又可弥补“0”和“1”之间的融资空间。

可以说，政策性金融的存在，填充了商业融资与财政支出的“中间地带”，弥补了政府与市场间的空白，有助于实现政策性与盈利性的统一。

过去，我国三大政策性银行在发展定位的选择上经历过一些探索，从国际金融危机之前的商业化转型到危机之后的回归政策性本职，改革步伐已明显加快，改革思路更为清晰。此前公布的三大政策性银行深化改革方案就明确提出，国开行坚持开发性金融机构定位，进出口银行强化政策性职能定位，农发行则坚持以政策性业务为主体。

这样的定位和路径选择，符合当前经济发展和改革对政策性金融的诉求。可以看到，当前三家政策性银行已经实现了跨越式发展，在大型开发性项目、农业农村基础设施建设、棚户区改造、易地扶贫搬迁等商业金融难以介入、财政力量又难以单独完成的重大领域，发挥了不可替代的作用。但与此同时，资金来源相对单一、负债成本不断上升、政策性金融法律缺位等问题也在一定程度上阻碍了这些机构的发展。

因此，“十三五”时期，对在特殊领域发挥重要作用的政策性金融机构应当给予差异化的政策支持，帮其打通梗阻，更好发展。同时，政策性金融机构也应更好地完善公司治理结构、明确业务界线，更专注、专业地为全面深化改革贡献力量。

（作者：戴蔚珑）

（来源：经济日报）

整治互联网金融，剑指何方？

国务院近来组织14个部委召开电视会议，将在全国范围内启动为期一年的互联网金融领域的专项整治，近年蓬勃兴起、乱象众生的互联网金融业态将面临变局。互联网金融究竟是基于服务实体经济的金融创新，还是监管盲区下的资本套利？如何在防范风险的基础上激发信息技术带来的互联网金融新动力？消费者又该如何看清“乱象”背后的“真相”？

网络理财“乱象”呼唤治理“重拳”

近一段时间以来，各种网上理财投资平台屡屡爆发“跑路”事件。2015年年底，e租宝事件爆发，涉及18万投资人和高达500多亿元资金。近日，快鹿系陷入18亿元兑付危机。4月6日，上海一家百亿级理财平台中晋资产及其关联公司因涉嫌违法犯罪，已被公安机关立案侦查。

“一边是互联网金融风险频发，一边是相关政策、监管细则迟迟未能明确，整个行业仍在摸着石头过河。”融360金融搜索平台CEO叶大清认为，央行和公安部门联手的互联网金融专项整治风暴，以及地区性的一系列整改活动，可以通过加强信息披露和行业准入门槛，加速行业洗牌，达到去伪存真的效果，长期来看有利于网贷行业的正本清源。

本次整治行动按照“谁家孩子谁抱走”的原则，共有七个分项整治子方案，涉及多个部委，其中央行、银监会、证监会、保监会将分别发布网络支付、网络借贷、股权众筹和互联网保险等领域的专项整治细则，个别部委负责两个分项整治方案。

“互联网金融的本质还是金融，并没有改变金融风险隐蔽性、传染性、突发性的特征。互联网金融的成长过程中缺了教育这个课，这堂课需要及时补上。去年出台的一系列监管政策为互联网金融的发展做好了顶层设计，今年将是具体落实、切实规范，实现互联网金融从量变走向质变的一年。”金融时报社社长邢早忠表示。

高风险背后的监管难题

在专项整治之前，各地均在紧锣密鼓地梳理整顿辖区内的互金业务。深圳市要求全市各互联网金融企业全面停止开展房地产众筹业务，并进行自查自纠和业务清理工作；广州市网贷平台被要求定期向工商、金融办等相关部门报送运营数据和业务开展情况；北京市日前表示，在打击非法集资方面重点看三条，即面向社会不特定对象筹集资金、是否高收益率揽客、夸大或不实宣传。

对于互联网金融的“高打”姿态主要来自识别和化解互金风险的挑战。

在中国互联网金融协会秘书长陆书春看来，互联网金融隐含的风险是复杂而隐秘的。首先，互联网企业与传统金融机构一样面临着大量的信用风险、市场风险、操作风险、流动性风险等，但其风险的识别和应对的经验能力跟传统机构还有很大的差距。互联网金融的信用体系还不够完善，传统的征信数据难以覆盖互联网金融的风险点。而互联网金融的风险又会蔓延到传统金融机构，带来系统性风险。

其次，互联网金融具有跨行业、跨市场、跨地域的特点，而且创新发展变化非常快，而当前互联网金融监测的体系不健全，各级监管部门难以全面掌握行业的数量，难以及时预判风险。这种状况导致部分不良机构打擦边球，借用互联网金融的概念虚假宣传，一些平台违规操作而倒闭，也影响了消费者的信心和情绪。此外，在传统银行体系下投资者养成了刚性兑付的习惯，风险防范意识不够，容易轻信高收益的宣传，承受风险的能力也较低。

国家网信办信息服务管理局局长梁立华认为，互联网金融依靠互联网技术采集、储存、传输，应用大量的金融领域敏感数据，交易资金、交易信息、客户信息等核心数据一旦泄露将对金融经济安全产生重大影响。特别是在大数据、云计算的大背景下，其负面冲击将成倍放大。

消费者如何避免“踩雷”

当新业务的成长速度远大于人们对风险的识别能力时，消费者如何在互联网理财时代避免“踩雷”？

金信网银常务副总经理李崇纲告诉记者，三类所谓的理财公司千万不要碰：第一，承诺能够支付超高收益率的公司，比如有些公司承诺日息1%、月息30%，这显然是不可能的事；第二，老百姓在准备投资某公司之前可以上全国企业信用网站去查查，如果该企业短期之内大量地频繁变更股东或经营范围，显示这个企业经营不稳定，其中就蕴含着风险；第三，那些打着高档办公地点、大量广告、美女总裁等旗号的公司，往往是徒有其表，目的只是骗取消费者去投钱，需要引起警惕。

“任何收益其实都是来自于借款人，借款人的收益来自于哪儿？来自于经营生产，借贷是不会产生价值的，只是利润的再次分配。价值必须从实体经济中产生，但是想一想什么样的实业才能赚50%？”网贷天眼副总裁潘瑾健也提示，要提防收益特别高的理财平台。

对于互联网金融，英国的监管模式是将行业自律和政府监管相结合，两者相互补充，共同执行监管职能。美国则采用多部门分头监管模式，致力于减少投资者与融资者间的信息不对称。就我国而言，从保护投资人、保护消费者的角度出发进行监管或许是解决当前互联网金融乱象的一个有效途径。

（作者：温源）

（来源：光明日报）

2016 文化金融如何变化？

关于新一年的文化金融如何变化，笔者从文化金融的概念厘清与三层分法说起。关于什么是“文化金融”，目前国内学术界确是没有定论的，国外学术界也没有定论，这是中国正在进行的一种创造。笔者认为，目前流行的“文化金融合作”只是一种权宜说法。

首先，这里所说的“金融”不是狭义的金融（货币银行与信贷），而是以资本为核心形成的一个系统，这更接近国际通义。文化金融不是机械性地“合作”，也不是简单的产业“融合”，而是一种产业机制，一种内在的经济机理，甚至是一种国家竞争力的机能。它表现在内容产业、文化产业和文化国力3个层面。

从3个层面的文化金融看，2016年将如何变化？

第一层面，内容产业的文化金融。文化生产的核心是内容生产，这个层面是文化金融的核心层。如果说2016年的文化金融会有什么变化，那么这个层面就将是最富戏剧性的一层。中国整体金融环境与内容产业资本结构的相关性无法忽视，政府和社会都将积极应对，2016年内容产业众筹金融模式将呈爆发式增长，并促进内容产业进入资本“筹投贷”新通道。

第二层面，文化产业的文化金融。我国的文化产业概念本身就不同于各国，其内涵比内容产业要宽泛，也包括了与内容生产相关的其他服务、制造业，如互联网服务行业、文化装备制造行业等。

这一层面和第一层面一样，本质上是产业金融，是一种产业业态。这一层面除去内容部分，技术变革将在2016年继续满足资本的需求惯性，形成具有变革性的某种文化金融机制。如区块链技术的应用，可能将改变文化金融的某些规则和机理。

区块链技术是从比特币中脱离出来的产物，它提供了一种去中心化的、无需信任积累的信用建立范式。区块链技术本质是去中心化且寓于分布式结构的数据存储、传输和证明的方法，用数据区块取代了目前互联网对中心服务器的依赖，使得所有数据变更或者交易项目都记录在一个云系统之上，理论上实现了数据传输中对数据的自我证明。深远来说，这超越了传统和常规意义上需要依赖中心的信息验证范式，降低了全球“信用”的建立成本，这种点对点的验证将会产生一种“基础协议”，是分布式人工智能的一种新形式，将建立人脑智能和机器智能的全新接口和共享界面。

第三层面，文化国力的文化金融，这是国家战略层面。这个层面不仅包括文化产业，还包括了文化事业和国际文化交流、合作与博弈。在这个层面上，产业与事业的界限是模糊的。文化金融在这一层面表现为金融对国家软实力建设的战略性介入。2016年，这个层面将面临“一带一路”战略内在需求和国际竞争的双重压力，必须予以回应，尤其是政策面。2016年，智库将成为政策变革和实践的多重参与者。

（作者：金巍）

（来源：中国文化报）

让互联网金融在法治轨道上奔跑

如若任由借互联网金融搞非法活动的市场继续扩大，并且肆意而为，届时影响到的将不止是金融秩序、金融安全的问题，更会带来海量的经济损失。

2016年3月1日下午，中欧陆家嘴国际金融研究院、英凡研究院联合发布《互联网金融专题报告》。该报告认为，对于非法集资行为，应该给予坚决打击，并通过建立互联网金融门槛，鼓励合规经营、具有良好技术能力、风控能力、合理的商业模式和价值贡献的互联网金融企业的发展。

互联网金融简单地说就是指传统金融机构与互联网企业利用互联网技术和信息通信技术实现资金融通、支付、投资和信息中介服务的新型金融业务模式。近年来，随着互联网技术的高速发展，互联网金融也呈现快速增长之势，并且迅速融入大众的生活。

这几年来，互联网金融在金融市场上可谓异军突起，不仅迅速抢占了金融领域高地，而且还受到了公众的狂热追捧。比如，据报道，2015年网贷、支付、众筹等互联网金融行业继续“全速奔跑”，其中P2P网贷市场高速增长。据第三方网贷资讯平台网贷之家数据，P2P交易规模达到了9823.04亿元，比2014年增长近288%，上述业绩恐怕连传统的金融机构也不得不叹服互联网金融的市场扩张能力。

本来，作为传统金融行业与互联网技术相结合的新兴领域，互联网金融的出现颠覆了传统的金融操作模式，让公众的金融业务更简便、更快捷、更省力。然而，就在互联网金融“要风得风要雨得雨”之时，类似P2P行业等也迅速成为互联网金融风险爆发的主要领域。特别是云南泛亚有色金属交易所和“黑马”e租宝的倒掉，成为压垮公众信心的最后一根稻草。有专家为此表示，目前市场上有很多并不是真正的互联网金融企业，只是披着互联网金融外衣的“狼”，这些公司以互联网金融、P2P之名，行非法集资之实，对投资者和社会造成伤害，也影响了整个互联网金融行业的声誉。

其实，严格地说，互联网金融并非互联网和金融业的简单结合，而应当是在实现安全、移动等网络技术水平上，被用户熟悉接受后，尤其是对电子商务的接受，自然而然为适应新的需求而产生的新模式及新业务。但是，由于在互联网金融快速发展之时，我们的监管没有跟上，从而使得互联网金融乱象丛生，风险叠加。比如，由于发展过快，监管滞后，已经导致一些披着互联网金融的“狼”窜入互联网金融市场，疯狂猎杀那些没有经验、没有鉴别力的投资“羊”。从之前公众的狂热追捧到如今的谈虎色变，公众对互联网金融的观感早已呈现大跌眼镜的状况。而面对自己的损失无力回天的局面，众多参与互联网金融业务的公众也迫切希望监管部门能够发力，来为互联网金融的发展和安全保驾护航。

笔者以为，互联网金融作为新生事物，既要鼓励创新发展，也要强化市场监管，绝不能让互联网金融游离于法规的约束之外。相关配套的法规还需与时俱进，跟上互联网金融发展的节奏，并且通过建立互联网金融准入门槛，增强对借互联网金融搞非法活动的识别力和鉴别力，来防止那些披着互联网金融的“狼”继续疯狂猎杀那些可怜的“羊”。如若任由借互联网金融搞非法活动的市场继续扩大，并且肆意而为，届时影响到的将不止是金融秩序、金融安全的问题，更会带来海量的经济损失。

（作者：舒心萍）

（来源：人民法院报）

第七章

房地产：转型路口的新思考

中国经济大趋势

商业地产须回归运营本质

两三年前的商业地产联盟年会上，身为中国商业地产联盟秘书长的王永平曾有一句名言：“十年前，人们还在问，什么是商业地产；十年后的今天，你没在做商业地产就已经out了！”印象中，商业地产的火爆要晚于住宅房地产，但依然在前些年赢得了风起云涌的快速增长。不难发现，这些年城市中的商业综合体渐渐多了起来。时间又过去了两三年，王永平在2015年商业地产年会的发言稿上，标题改成了“商业地产已经迎来拐点”。

“拐点已至的说法还是第一次提出。”王永平说，“总体而言，商业地产的总量已经开始过剩。”从统计数据就可以看出，过去几年中，商业地产迅速扩张，即便在住宅地产受政策等因素影响发展相对较慢时，商业地产的增长速度也一直非常迅速。

快速扩张也给商业地产的发展带来了问题。开发商将商铺出售，能够实现资金回笼，而广大投资者看好商业店铺的升值潜力，认为只要买了店铺就可以挣钱，于是从开发商手中买来出租给经营者。商业地产因为卖给不同的业主而被分割成“豆腐块”，导致缺少统一经营理念。

“商业地产和住宅地产有很大的不同。房地产只要购买就可以赚钱的时代过去了。商业地产也已经面临着应该回归到以运营为本质的时候。”王永平说，“商业地产本身就是商业在先，地产在后，完整而科学的商业运营是商业地产能够发展好的前提。”

在回归运营本质的过程中，创新十分关键。万达集团开创的商业与住宅整体开发模式赢得了巨大成功，住宅与商业互为依托，互为补充。然而，王永平认为，随着商业地产领域竞争激烈，新型综合体呼之欲出，商业地产将从住宅依赖型转向产业依赖型，商业综合体将与文化、旅游、养老、电商等新兴产业紧密融合在一起。

回归运营本质，还应包括投资与运营分离。在商业地产领域，出现了从重资产向轻资产转化的趋势。过去，大多是开发商全程投资和运营。一段时间以来，一些开发商引入外界投资人。王永平说，以万达为代表的一些专业商业地产企业引导下，商业地产行业的轻资产模式悄然兴起，将地产投资与商业运营分离，其实是国际商业地产界的主流做法。这一模式在中国的出现是行业洗牌的开始，也是行业走向专业化、走向成熟的必由之路。

回归运营本质，急需专业的商业地产人才。商业地产领域需要既懂商业，又懂房地产的专门人才。而由于当前大专院校没有十分对应的专业设置，导致商业地产的人才相当匮乏。王永平建议，应该加大对商业地产人才的培养力度。

（作者：李晓熊）

（来源：经济日报）

地产发烧 不能只靠卖房败火

供给侧改革，是当前最炙手可热的名词。推进供给侧结构性改革，既是对中国经济发展新阶段的深刻把握，也是对未来发展路径的整体谋划。领悟了供给侧改革的内涵，就抓住了当前中国经济工作的总体思路和基本遵循。

在全国两会召开之际，我们遴选了地产、教育、医疗、金融等十个领域，与专家学者共同探讨科技如何在这些行业支撑供给侧改革，感受经济发展脉动。

——编者

“多少年来，房地产供给侧诸多问题没有解决。这些问题需要在中长期内通过改革逐步解决，不可能毕其功于一役，但当前改革进程太慢了。这对于合理房地产库存的形成不利，也对整个经济的平稳发展不利。”

近日，全国政协委员、住建部专家委员会成员张泓铭研究员，在接受科技日报记者采访时细数了这些“没有解决的问题”，“在土地制度上，如何保证房地产用地均衡出售，农村非农建设用地如何入市；在住房制度上，如何整合户籍和非户籍、农民和非农民的住房需求，如何协调市场和非市场供给；在交易制度上，如何解决商品房期房风险，如何克服中介市场的混乱，如何解决房价过快上升；在税收制度上，如何解决房地产税种税目过多、税负前重后轻；在财政制度上，如何防范土地财政的泛滥；在房地产行业制度上，如何构造合理的行业、企业结构，如何引导行业转型；在官员考核上如何把房地产市场的稳定运行作为重要内容；等等。”

“过去多年来，我们多次把房地产当作经济的救火工具。这在一定时期是合理的。但把国民经济的发展长期绑在房地产市场上，是一个错误的认识，导致房地产市场不断过热、稍息、再过热……2015年严重的房地产库存就是过去错误认识和行为的必然结果，现在是幡然醒悟的时候了。”张泓铭说。

房地产供给侧改革仅等同于救市？

“降息、降准、降税，来的更猛烈些吧。”在中原地产首席市场分析师张大伟的诗歌中，用“三部委，一起减税”的语句，表明了去库存的迫切性。

国家统计局数据显示，截至2015年末，我国商品房待售面积达7亿平方米，增长15.6%，达历史峰值，其中住宅占63%。

而国家信息中心宏观政策动向课题组发布的一项报告显示，上述数据还不足以表达我国商品房的库存量。按照2000年—2015年底房地产新开工面积减去销售面积差额，更能真实反映我国商品房库存现状，再以过去3年平均销售速度作为需求，需要4.4年消化库存。

“化解房地产库存，是2016年房地产市场的头等大事。”张大伟告诉记者。

2016年2月2日，央行和银监会发布降低房贷首付的新政，被认为打响了2016年房地产去库存的“第一枪”。紧接着，契税、营业税双降。与此同时，地方去库存政策正在密集出台。目前，四川、江苏、山东、广东等省（自治区），出台了去库存的政策文件或相关政策表述。

“这些政策的力度前所未有，但千万不要以为供给侧改革只是救市。”张大伟说，“解决房地产问题需要新思路”。

“房地产供给侧改革，涉及住房供给、交易制度、财政制度、税收制度、土地交易制度、金融和资本市场制度、房地产业市场结构等方面。”张泓铭说，“目前，整体而言，全国房地产处在库存过剩阶段。去库存是当前最紧迫最重要的一项国家任务。房地产供给侧改革，既是根本解决房地产体系长期存在的问题，也是为化解当下库存提供必要的支撑。”

张泓铭希望各界能够警醒，“房地产供给侧改革决不是卖房这么简单，不能狭隘地用救市来解读”。

不再走“购房补贴”的老路？

“不要因为完不成当年的经济指标，就把房地产当作救火工具。”张泓铭认为，“房地产供给侧改革需要一种全新思路，不能只是急急忙忙出台宽松的楼市措施。”

2015年3月9日，全国政协十二届三次会议第二次全体会议上，张泓铭在大会发言中提出：“只要房价没有全方位的、急剧下跌的预兆，没有对金融和经济的严重威胁，就是相对正常的，不采取逆向的调节。”

一年过去了，各地是否不再走“购房补贴”的老路？

公开报道显示，某省出台相关购房补贴政策的城市已达10个，补贴额度从每平方米60元—500元之间不等；某省出台的20条去库存举措中，放在第一位的是鼓励农民进城购房，明确首套房给予一定比例的购房补贴。

相关机构公布数据，目前全国约有60个城市发布了不同力度的购房补贴政策，多为三四线城市。

“从地方去库存政策举措来看，一方面‘个性化’意味不强，很多仍是以购房补贴为主的旧模式的重启；另一方面，部分地方去库存被贴上了‘行政问责’标签，并以卖房多寡作为考核的指挥棒，力求速效，激进性明显。”张泓铭说。

在他看来，去库存是个过程，地方政府不能急功近利。要将重点落在鼓励民众自住需求上，对此要有鲜明态度和措施。对于首次购房者要雪中送炭，但不能主张财政直接给消费者购房补贴现金，公共财政的运用要慎之又慎，不能过头。

“一段时期以来，地方政府最感兴趣的是房地产功能中的资本特性，而非完全以满足居者有其屋的社会功能。政府容易把经营城市土地、力推土地增值，作为增加政府收入和拉动经济增长的主要渠道。为了保持房地产的长治久安，供给侧改革还要包括对官员政绩考核体制的革新。”张泓铭说。

创造有效供给只是小改小革？

“房地产已进入了后半场，从黄金时代向白银时代转变。”在接受科技日报记者采访时，清控科创总裁程方打了一个比方，“现在的白银已经不值钱了，加工成产品，比如装饰品、器皿才更有价值”。

多年来，负责科技园区开发和运营，让程方产生了一个直观感受，“房地产从制造业变成了服务业。未来房地产的增值服务，和金融、互联网的结合变成了主流。不是不盖房子，而是在盖房子的同时叠加这样一些功能。”

“面对增速下行的局面，房地产业要有根本性的转变。不是小改小革，不是小打小闹，而是转型升级。转型升级途径很多，其中需要选择一种既能体现房地产业特点，又符合发展大势的途径和战略。结合第三次工业革命的要求，这里包括了互联网+房地产战略或反过来。其核心和出发点，是要把最大的注意力放在送给被服务者真正的、长远的实惠上。”张泓铭说。

“相比之下，养老、物流、绿色建设、科技等未来的新型业态将成为房地产的重要需求方向。”但张泓铭也希望大家注意，“房地产供给侧改革并非忽视需求，而要根据真实需求、潜在需求创造有效供给。”

科技地产最近三五年开始增温，最近一年以众创空间名目爆发。近期，一些“孵化器进入倒闭潮”“做孵化器的比创业者更多”的观点充斥新媒体。似乎，科技地产的发展已进入饱和状态，并将面临灭顶之灾。

“这里面，既有政府推动鼓励的因素，又有房地产不景气导致的转型失效，还有投资泡沫和热潮的刺激。”在程方看来，“众创空间将迎来洗牌。这提醒我们，想要变身服务业，创造有效供给，绝不是‘互联网+’了事，而要找好适合的生存模式，绝不能盲目跟风。”

（作者：韩义雷）

（来源：科技日报）

农民工市民化与化解房地产库存

编者按

最近召开的中央政治局会议在分析研究2016年经济工作时强调，要化解房地产库存，通过加快农民工市民化，推进以满足新市民为出发点的住房制度改革，扩大有效需求，稳定房地产市场。如何认识当前房地产库存的现状？如何看待农民工市民化与化解房地产库存的关系？这是一项值得深入研究的重大课题。从全面建成小康社会的高度，以新的视角分析了农民工市民化对化解房地产库存的意义，提出了自己的看法和认识。

一

自2009年以来，房地产市场高涨带动住房开工、施工面积大幅攀升，导致一些地方的供给出现阶段性和结构性过剩。库存长期积压，势必会威胁经济、金融和社会的健康、安全与发展。因此，去库存是当前一个重要的住房政策目标。但是试图使用宏观经济刺激政策，扩大城镇现有的刚性需求和改善性需求，短期内难以有效化解规模如此巨大的过剩库存。开辟新需求即加快农民工市民化、支持农民工购房，是快速消化过剩库存，促进住房市场稳健调整和发展的有效之策。不仅如此，农民工购房及其市民化，对全面建成小康社会、实现中华民族伟大复兴中国梦也意义重大。

“中国梦”从某种层面上讲，可以理解为中国实现从传统乡村社会向现代社会的成功转型，是每个中国人所同时编织的个人转变、家庭富裕与国家富强、民族复兴的“家国梦”。中国转型发展的主要问题是农民问题。实现转型的一个内在要求，就是让农民工变成市民，让国家变为先进现代的国家，实现国家富强与民族复兴。农民是中国转型的主体力量之一，农民的不懈奋斗，将改变自己与家庭的命运，推动国家富强与民族复兴。

农民工是中国转型的主力军。但是，农民工个人及家庭也面临着缺少住房的窘境。当前经济面临的不少突出问题，都与农民工问题有关：经济增长的需求不足，来自于半城镇化导致的需求缺口；户籍制度、财税制度、土地制度和金融制度的改革，与农民工购房及其市民化息息相关。因此，农民工市民化具有一石多鸟效应。首先，农民工是楼市去库存的重要力量，农民工市民化有助于化解房地产库存；其次，农民工市民化带动投资和消费从而稳定增长和促进转型；再次，鼓励农民工购房将可以倒逼改革；最后，农民购房圆了农民工的住房梦，也是全面小康的应有之义。甚至可以说，7000万人脱贫与农民工市民化是中国小康梦想之厦的最后工程。鼓励农民工购房，除了发挥农民工购房的多重效应外，还基于住房的现有存量、过剩库存和潜在新增供给，城镇居民潜在有效的需求难以消化和匹配住房现有存量、过剩库存和潜在的新增供给规模。

二

城镇住房需求最终取决于城镇人口的总量及其变动趋势，我国未来住房需求仍有较大增长空间。据统计，2014年，中国城镇常住人口达到7.7亿，其中，存量户籍人口接近5亿，非户籍常住人口2.7亿。

首先，鉴于住房拥有不均以及部分住房配套不全等，“十三五”期间，城镇户籍人口中仍有1亿左右住房困难的低收入家庭，需要获得大约3800万套（预计30亿平方米）的安居性住房保障，包括：棚户区改造、公廉租房等。即使一部分由实物化保障改由货币化保障，按照50%的购买量计算，将有15亿平方米从市场购买，每年达3亿平方米。

其次，虽然总体上城镇户籍人口可能已过户均1：1套的饱和标准，但鉴于住房拥有不均以及部分住房配套不全等，户籍人口中仍有相当数量人口具有改善性需求和刚性需求。若将最近几年年均销售10亿平方米都视为城镇居民的刚性和改善性需求，并假定未来5年年均规模不变，“十三五”期间总需求为50亿平方米。

由此可以估算，未来5年存量城镇户籍人口商品住房总需求达65亿平方米左右，但仍低于当前过剩库存与未来潜在供给之和。完成去库存和保持住房市场的可持续增长，必需开辟新需求，其中最为现实的需求即农民工市民化的住房需求。

据估算，未来5年农民工新增购房总共可达23.1亿平方米。根据国家统计局对农民工的调查数据：2014年农民工总数2.7亿，其中，在城镇自购房住的仅为1%，回农村住的13.3%，租房住的36.8%，住工棚的17.2%，住单位宿舍的28.3%。按照未来5年1亿人城镇化计算，如果70%的家庭人口在城镇购房（人均33.3平方米），每年以农民工为主体的购房需求可达4.6亿平方米。

三

农民工能否或者在哪里买得起房，关键是看农民工的收入、就业的城镇及其城镇的房价。根据国家统计局对农民工调查的数据：2014年1.7亿外出农民工中，从家庭迁徙看，举家外出的占20%，一人外出的占80%；从就业城镇看，外出农民工的30.5%在直辖市或省会，在地级市的占34.2%，在小城镇的占34.9%；从收入及增长看，平均收入为2864元，增长率为9.8%，其中，建筑业最高，为3292元，居民服务、修理和其他服务业最低，为2532元。基于以上数据与《中国统计年鉴》数据及各地住房价格数据，可以对农民工的购房可支付能力进行粗略的估算。

第一，关于农民工家庭收入的估算：一般而言，农民工夫妇俩在城镇就业和只有一个在城镇就业，收入是不同的。按照国家统计局调查数据和统计数据估算：全迁家庭每年收入为8万元，其中，工资收入7.2万元（按月平均3000元估算），农业收入估计0.8万元（根据农民纯收入估算）。单迁家庭每年收入为4万多元，其中，工资收入为3.6万。

第二，不同区域和级别城市房价的估算：按省会级以上地级城市房价均超过每平方米7000元均价计算，一套100平方米的住房价格超70万元，首付超过14万元；地级城市按每平方米5000元均价计算，一套100平方米的住房为50万元，首付至少10万元；县级城市按每平方米3000元均价计算，一套100平方米的住房30万元，首付至少6万元；中心城镇按每平方米1500元价格计算，一套100平方米的住房需要15万元，首付至少3万元。

第三，农民工的购房可支付能力的匡算：通过不同城市的房价和不同家庭的收入状况测算房价收入比。全迁家庭地级市、县级市和中心镇的房价收入比分别为1：6.75、1：3.75、1：1.5；单迁家庭在地级市、县级市和中心镇的房价收入比分别为1：12.5、1：6.75、1：3.75。按照国际上认同的房价收入比1：2-6的合理区间，可以看出：全迁和单迁家庭在省会以上城市购房，可支付能力均超出合理区间，单迁家庭在地级城市购房可支付能力超出合理区间。

总体上，农民工在地级以下城镇基本具备住房可支付能力，在省会及以上城市不具备住房可支付能力，在东部地区的农民工家庭住房支付能力较差，在中部和西部地区的农民工家庭住房支付能力较好。同时，由于农民工近70%在地级及以下城镇就业，而且身份认同与留守家庭福利提升决定农民工倾向回家乡购房。因此，农民工最适合、最可能在地级及以下城镇购房。

四

在住房金融等制度体系完善的假定下，农民工在地级及以下城镇基本具备住房可支付能力，但举家外出就业家庭仍可能存在50%的资金缺口，一人外出就业家庭可能存在75%的资金缺口。住房金融等相关制度的缺失和约束，地级及以下城市的基础设施与公共服务问题，会导致农民工现实的购房比例较低。

第一，农民工购房能力因为金融排斥和制度约束而降低。首先，在政策性住房金融方面，外出农民工仅占5.6%，本地农民工公积金比例为5.3%，并且大都不能结转，不能用于租房；其次，在商业性金融方面，农民工在流入地购房，获取办理住房抵押贷款存在户籍歧视，而农民工在输出地，进行以土地、住房等固定资产抵押获取贷款，还存在着诸多障碍。另外，能够形成农民工收入的土地承包、宅基地使用权和集体收益权也难以交易兑付，收入和资产难以变现。

第二，农民工意愿因为城市环境和户籍而下降。首先，公共服务提供以户籍为依据，农民工购房不能获得与城镇人口相同的教育、医疗、就业、社保等，从而降低了农民工购房的意愿；其次，全国的地级及以下城市的基础设施缺乏和公共服务水平低，尤其是中西部地区的小城镇，基础设施和公共服务缺失，尽管农民工具有购买能力，但也缺乏动力购房迁入。

化解房地产库存，迫切要求通过加快农民工市民化，推进以满足新市民为出发点的住房制度改革。

第一，可借鉴曾经的蓝印户口制度，将购房住户纳入居住证覆盖人群。全面推进并完善居住证制度，凡购房不再考虑或降低就业、交纳社保的年限，享受和户籍居民平等的公共服务和基础设施。尤其是让其子女享有平等优质教育的权利。政府给购房者与户籍居民平等的就业与创业机会，并将其纳入就业与创业服务体系，给予服务和支持。

第二，可探索实施商品房共有产权制度，实施住房产权分割出售。一方面，开发商资金紧张，亟待去库存；另一方面，农民工购买力有限，可考虑实行产权开发商部分持有，部分出售给购房者的办法，共同到银行办理并获得抵押贷款，开发商与购房者可按3：7、5：5、7：3的比例持有。开发商将持有产权部分租给业主，并商定未来若干年以怎样的价格全部出售给购房家庭。

第三，可建立普惠住房金融制度，实现政策性和商业性覆盖农民工。针对目前存在的政策性金融和商业性金融对农民工的排斥状况，可建立普惠的政策性住房金融体系，扩大公积金对中、低收入居民的覆盖，将公积金覆盖到农民工，并实行异地提取购房制度，建立商业性普惠金融体系，让农民工获得与户籍居民平等的商业住房抵押贷款机会，同时加快完善农民住房财产权等抵押与担保制度。

第四，可允许和鼓励农民工转让土地承包权，出售和出租住房。农民工在农村的财产权保护和市场化交易，不仅有助于资源合理利用，农民在城镇里乐业，而且有助于其在城镇安居，但是还存在不少法律和制度性障碍。为此，可总结试点经验，依法推开土地承包权流转、宅基地使用权转让和集体收益分配权落实。

第五，可改进地级以下城市的基础设施与公共服务。建立与常住人口挂钩、分级负责的财政体制，加大行政级别低的城镇的转移支付力度，建立农民工住房补贴制度。加快制定向小城市倾斜的投资政策，提高其就业吸纳能力，改变我国城市就业吸纳能力和住房支付能力错配的现状，激励更多的农民工在小城镇购房和永久性迁徙。

（作者：倪鹏飞）

（来源：经济日报）

房地产市场 靠什么人去库存？

“分化”和“去库存”，将是2016年房地产行业两个关键词。

各城市去库存，首先要靠货币政策发力。由于货币购买力下降，加上利率与无风险收益率这两年大幅下降，房地产市场可能保持总体稳定，相应的房贷利率大幅降低。

2015年4次全面降准，相当于向市场释放了约3.18万亿元的流动性。5次定向降准，使用PSL、MLF等工具累计向市场释放了超过5000亿元的流动性。自2015年3月份以来，央行还连续降息5次，按照目前多数的银行房贷合同，绝大多数贷款购房者从2016年1月1日起享受降息红利。房贷基准利率从去年初的6.15%一路下调至目前的4.9%，降幅高达20.33%，房贷利率降低到最低水准，而房租价格在提升，意味着房地产投资风险略有下降。

房地产去库存在2015年已被强调，2016年仍是经济工作五大任务之一。但并非所有的库存都能被去除，在城镇化形成新城市群过程中，一些城市将被边缘化。由于资源流失，经济下行，这些城市可能迎来去库存最艰难的时期。

2015年，一线城市、核心城市与城市群周边卫星城市房地产价格上涨，是中国城市群兴起的标志之一；三四线城市求生艰难，则是城市分化的标志之一。农民工若要在房价崛起的大城市购房定居，是非常困难的事。

据中原地产统计数据，2015年以来，20大标杆房企合计在土地市场投入超3000亿元，一线城市的占比首次突破40%达到44%。北京土地市场总成交额、平均溢价率、成交楼面均价都刷新了历史最高纪录，2015年楼面价超过3万元/平方米的土地达到26宗。未来，在一线城市拿地成本将越来越高，一线城市的商品房住宅价格不断上涨。不仅这些城市核心区域，就连郊区卫星城、新区的房价也在不断上涨过程中。反观三四线城市，库存则居高不下。国家统计局公布数据显示，截至2015年11月底，全国商品房待售面积已达6.96亿平方米，比10月末增加1004万平方米，再创纪录。包括可售商品房、在建商品房及保障性住房的可售部分，全国商品房库存可能是个天量数字。

三四线城市就业机会较少，不可能吸纳大量农民工进入，从近五年人口流入数量看，东部沿海城市与当地核心城市仍是人口主要流入地。房地产库存量大的地区，未必有足够的就业前景吸引农民工。况且，去库存不是人口多就行，必须是有消费能力的人口多，才能消化库存。在农村已致富起来的人，现在已大多在城市购房；目前还无力在城市购房的人，想要在城市购房，或需要当地政府补贴，或需要经历漫长的收入积累过程，三四线城市还得提供足够的就业机会，这绝不是件轻松的事。

（作者：叶檀）

（来源：解放日报）

化解房地产库存需制度创新

从国家统计局2015年1至11月全国房地产开发和销售情况统计数据中，可以发现两个让公众难以理解的市场现象——新建商品房销售量价齐升、开发商却持续减少新增供给；在开发商新增供应活动放缓、购房者在金融税收等政策刺激下购买数量增加的情况下，商品房待售面积却同比增长。

这两个现象，实际上反映出开发商对未来市场信心不足，他们在努力降低存货水平，提高抵抗市场风险的能力。中央经济工作会议将“去库存”列为今年经济社会发展的五大任务之一，意味着房地产去库存已经从行业层面、企业层面，上升到了国家层面。

所谓房地产库存，是指房地产开发企业持有的待售新建商品房。关于我国房地产市场上到底有多少库存，目前存在许多讨论。国家统计局公布的“商品房待售面积”，指已竣工商品房中尚未销售的面积，截至2015年11月末，全国约有7亿平方米；住建部门统计的“月末累计可售面积”，指获颁预售或销售许可证但尚未销售的面积，目前全国该类库存约有22亿平方米至25亿平方米，且从理论上来说，包括上面提到的7亿平方米；国家统计局公布的商品房屋施工面积中，扣除已经预售掉的面积，剩余部分也被认为是房地产库存，目前全国该类库存约有45亿平方米至55亿平方米。

当然，还有更广义的理解，那就是开发商土地储备可转化为商品房的面积，通常又被称为房地产市场的潜在供给，目前初步估算约有50亿平方米至60亿平方米。

不同层次的库存，其经济含义存在很大差别甚至完全不同。如果仅仅从狭义的角度认识化解房地产库存，就必须做好加减法，放缓甚至暂停从潜在供给变成现实供给的进程。但是，既然将“去库存”作为2016年乃至今后一段时间的重要任务，就不只是“救市”那么简单，还有深层次的含义。

以人为本的高质量新型城镇化发展，必须消除城镇非户籍人口长期住房潜在需求向现实需求转换的制度障碍，需要落实户籍制度改革方案、深化住房制度改革、扩大住房保障覆盖范围。

房地产业需要将各种层次的潜在供给变为现实供给，在满足新型城镇化发展的同时，为国民经济持续稳定增长作出贡献。为此，需要通过发展租赁市场、企业兼并重组等，完善和优化产业结构。尤其是通过建立购租并举的住房制度，解除对住房租赁投资的限制，补齐租赁市场这个“短板”，给住房消费提供一个更加公平的租买选择环境。

总之，去库存一定要遵循创新、协调、绿色、开放、共享的发展理念，积极探索系统协调的、符合可持续发展要求的中长期解决方案，从而推动房地产市场持续稳定发展。

（作者：刘洪玉）

（来源：经济日报）

去房地产库存当有壮士断腕之决心

2016年召开的中央财经领导小组第十二次会议上，习近平总书记指出，去产能、去库存、去杠杆、降成本、补短板是当前工作重点，关系到供给侧结构性改革的开局、关系到“十三五”的开局。而在此前召开的2015年中央经济工作会议也提出，2016年要抓好去产能、去库存、去杠杆、降成本、补短板五大任务，其中特别提到了要化解房地产库存，并且提出了去房地产库存的系列举措。可以说，化解房地产库存已经成为当前及今后一段时间内各级政府一项极其重要的工作。

数据表明，去房地产库存已经是迫在眉睫之事。根据日前由国家统计局发布的《2015年全国房地产开发投资和销售情况》数据显示，2015年，全国房地产开发投资95979亿元，待售面积高达71853万平方米，较2014年年末多出近万平米，增长15.6%，为历史最高值；如果按照人均住房面积35平方米来计算，“空置”住房可供超过2000万人口居住；特别是一些三四线城市的房地产库存量更是惊人。面对着如此严重的房地产库存，以致有的地产商都认为大部分都很难消化，只能炸掉。

房产库存量高企的背后则反映出了一些地方房地产市场长期处于一种畸形发展状态中。一方面，各类“地王”频现，地价记录不断刷新，从历年的胡润百富榜名单则能看出房地产商赚的是盆满钵满，而房地产的高利润则进一步吸引了大量资金和企业进入房地产市场，有的企业甚至放弃长期经营的实体行业而转战房地产，结果就是房价也如坐了火箭般疯狂上涨。另一方面却是很多人望房兴叹，一些人为了能够购置一套住房，需要耗尽几代人的积蓄，以及背负沉重的银行贷款，成为“房奴”；一些人则想做“房奴”也做不成，因为房价已经远远超过他们的收入。而根据国际上通用的衡量房价合理度的指标——房价收入比，一般而言，房价收入比在3—6倍之间为合理区间，但是我国的大中城市房价收入比大部分都超过10，有的甚至达到20，真是令人瞠目结舌！

众所周知，房地产业关联度高，带动性强，是国民经济的重要基础性产业之一以及政府财政收入的重要来源；同时，住房问题更是极端重要的民生问题，直接关系到民众的生活质量和社会稳定。但是，我国奇高不下的房价，严重的库存量，既抑制了国内消费需求，也影响了房地产的销售，阻碍关联产业的发展以及加剧了经济泡沫风险，从而严重国民经济的健康发展。

面对着房地产市场这种畸形的状态，有关方面必须要认识到去房地产库存已经刻不容缓，如果此时不做，则可能错失良机，从而增加经济运行的风险，日本等一些国家的前车之鉴当引以为戒。为此，特别需要处理好政府和市场的关系。一方面，要发挥市场在去房地产库存中的决定性作用，不能满足市场需求的或者超过合理价格的就应该让市场决定该类房产的命运。另一方面，政府应发挥好自身的作用，千万不能和房企勾搭一起，与房地产商形成利益同盟，让房地产绑架公共政策，而应该做好保障性住房工作，采取措施解决贫富差距问题等民生问题；特别是千万不能再像以往一样，房价上涨时无所作为甚至推波助澜，下降时则用各种弹药为房企和房价保驾护航，这样只会让一些人产生房价只涨不跌的幻想。

我国已经进入了城市化发展的新时期，推动以人为核心的新型城镇化是做好城市工作的重要内容。保证进入城市的人能够安居是以人为核心的新型城镇化的应有之义。我们必须认识到，面对着庞大的人口，社会对房子并不缺乏需求，缺乏的只是人们的有效需求，因此既需要房价回归合理区间，也需要通过各种政策措施不断提高人们的收入，解决贫富差距问题。唯有从供给和需求两端同时发力，才能做好去房地产库存工作。

（作者：华明）

（来源：求是网）

国土部：对房地产库存较高城市减少直至停止供地

国土资源部出台《国土资源“十三五”规划纲要》（以下简称《纲要》），国土资源部有关负责人对《纲要》进行了解读。

全国适宜稳定利用的耕地保有量要在18.65亿亩以上

近年来，我国粮食结构性产需缺口仍在加大，增产受到价格成本挤压和资源环境双重约束，确保谷物基本自给、口粮绝对安全难度提高。第二次全国土地调查查明耕地面积虽然有所增加，但难以稳定利用的耕地占一定比例，需逐步调整退耕。后备资源严重不足，灾害损毁、建设占用等对耕地保护的压力有增无减。

按照《规划》，“十三五”期间，扣除生态退耕、退地减水等规划期间可减少的耕地，以及东北、西北难以稳定利用的耕地，全国适宜稳定利用的耕地保有量在18.65亿亩以上，基本农田保护面积在15.46亿亩以上，建设占用耕地在2000万亩左右。完成永久基本农田划定工作，确保耕地数量基本稳定，质量有所提升。国土部门与发展改革、农业、财政等部门通力合作，确保建成高标准农田8亿亩，力争10亿亩，土地整治补充耕地2000万亩以上。

建设用地总量要得到有效控制，单位国内生产总值建设用地使用面积降低20%

未来五年，随着我国经济保持中高速增长，产业迈向中高端水平，供给侧结构性改革力度加大，国土资源供给结构也将随之发生变化。

按照《规划》，“十三五”期间，建设用地总量得到有效控制，单位国内生产总值建设用地使用面积降低20%，存量建设用地挖潜力度进一步加大，用地控制标准体系健全，节地技术不断推广应用。能源资源开发利用效率大幅提高，矿产开发规模化程度和节约综合利用水平进一步提升，主要矿产资源产出率提高15%。建成绿色矿业发展示范区50个，绿色矿业发展新格局基本形成。

对房地产库存较高的城市，减少直至停止住房用地供应

结合土地利用总体规划调整完善，围绕扩大有效投资，“十三五”期间，国土部门将加快建设用地审批和供应，保障基础设施、民生工程、新产业新业态和大众创业万众创新用地需求。

《规划》要求，“十三五”期间，完善政府与社会资本合作模式（PPP）用地政策，支持创新融资模式。完善国有土地资产处置政策，促进国有企业改革。积极推进工业用地市场化配置试点，有效降低实体经济用地成本。探索完善负面清单和特许经营条件下的土地供应政策。按照去产能要求，严格控制钢铁、煤炭等产能过剩行业和“僵尸企业”土地供应，制定鼓励支持政策，引导其退出、转产和兼并重组。

《规划》强调，在住房供求关系紧张地区适度增加用地规模；对房地产库存较高的城市，减少直至停止住房用地供应；允许尚未开工房地产项目用地按照有关规定改变用途，用于棚改安置房和公共租赁住房建设。

全面实施不动产统一登记，大陆自然岸线保有率不低于35%

国土部有关负责人表示，围绕要素驱动向创新驱动转变，深化国土资源体制机制改革，释放政策红利要求更加紧迫。

不动产统一登记将全面实施。《规划》指出，“十三五”期间，进一步取消和下放行政审批事项，事中事后监管不断加强，权力清单和责任清单制度基本建立。土地管理制度改革稳妥推进，不动产统一登记全面实施，自然资源资产产权登记全面开展。资源有偿使用制度改革进一步深化，资源价格、收益分配与补偿机制逐步完善。资源市场化配置程度不断提高，油气资源勘查开采市场化改革全面推进。

按《规划》要求，“十三五”期间，完成750万亩历史遗留矿山地质环境治理恢复任务，工矿废弃地复垦力度不断加大。海洋生态保护与环境建设取得积极成效，大陆自然岸线保有率不低于35%，海洋保护区占管辖海域面积比例达5%。

（作者：高云才）

（来源：人民日报）

规范房地产广告意义重大

一些房地产广告不仅没有对购房者尽到告知义务，而且还充分利用这种信息不对称大张旗鼓地施放烟幕弹，野蛮姿态一览无余。

"买房就能上××小学""距国贸仅30分钟"，从2016年2月1日开始，这些话语不能在售楼广告中使用了。国家工商总局日前发布《房地产广告发布规定》，其中要求房地产广告必须真实、合法、科学、准确，不得欺骗、误导消费者。还规定，房地产广告中不得含有广告主能够为入住者办理户口、就业、升学等事项的承诺。该规定将于2016年2月1日起施行（1月6日《京华时报》）。

房地产广告对于头绪繁多、动辄祭出大手笔的房地产行业来说似乎不太起眼，但其现实影响力却不容忽视。在巨大利益的驱使下，一些开发商在房地产广告上把人类的想象力发挥到了极致，一些堪称奇葩的广告词频频出现，令人大跌眼镜，颇为有名的如"房价不会跳水，只是在做俯卧撑"。此外，诸如"结婚不买房，就是要流氓"等用语，简直让尚未购房的已婚人士无地自容。

如果房地产广告纯粹是为了吸引人眼球，倒也无伤大雅，纵观过去数年间，房地产行业发生的一些负面事件，其中有不少都是因为房地产广告失实而引起的，比如广告中承诺的办理户口、上学、市政设施、具体位置等未能兑现或者夸大其词，问题严重的甚至可能酿成集体维权事件。买房对于普通家庭来说是一件十分重大的事情，在房价高企的现实背景下，有些时候一套房子需要倾尽数位家庭成员的积蓄，购房者对于房地产广告的细节通常都会锱铢必较，如果房地产广告不负责任地乱承诺，或者是有意识地释放一些错误信息诱使购房者出手，当购房者最终发现房地产广告所描述的内容与楼盘真实状况不符时，必然要全力维护自身权益，由此引发的一系列矛盾纠纷，往往旷日持久、难以收场，如此，无论对于房地产行业健康发展还是整个社会的和谐稳定都是十分不利的。

2015年的中央经济工作会议时隔两年之后重新提及房地产，并围绕“化解房地产库存”进行一系列表述。在这个重要的时间节点，大力规范房地产广告意义非常重大，从直接面向购房者的房地产广告入手，有助于化解房地产行业存在的一些深层次问题。

一位知名地产商写过一本人们耳熟能详的书——《野蛮生长》。对于房地产企业来说，野蛮生长是一种真实的生存状况，野蛮生长的方式有很多种，信息不对称就是其中的一种。住房作为一种交付周期较长，实际状况较为复杂的商品，开发商与购房者之间从一开始就存在严重的信息不对称，随便一个楼盘让购房者心存疑虑的地方都不少，从某种程度上说，这很像是开发商的原罪。一些房地产广告不仅没有对购房者尽到告知义务，而且还充分利用这种信息不对称大张旗鼓地施放烟幕弹，野蛮姿态一览无余。

根据2015年中央经济工作会议有关精神，化解房地产库存是与户籍制度改革、新型城镇化建设等重大改革举措结合在一起推进的。鉴于房地产行业的触角将不断由城市向城乡接合部乃至农村延伸，一些购房者的文化素质和法律常识也有待提高，如果继续任由一些房地产广告无底线地大肆吹捧，将可能影响到改革的整体进程。关于规范房地产广告，除了此次出台的《房地产广告发布规定》之外，新广告法中也有相关规定，执法部门一定要敢于打破利益掣肘，坚决向违法违规的开发商动刀。

（作者：杜晓）

（来源：法制日报）

后 记

中国作为世界第二大经济体，经济走势受到国际国内专家及媒体的普遍关注。2015年，在世界经济增长放缓的国际背景下，中国积极应对各种困难和挑战，有力推动改革，2015年前三季度，中国经济增长6.9%，对世界经济增长的贡献率达到30%左右。2016年是“十三五”的开局之年，国际国内经济学专家纷纷对中国“十三五”期间的经济发展趋势做出了相关预测。

为使读者更深刻了解当前经济形势，为相关学者及业内人士提供参考，我们精选了《人民日报》《经济日报》《光明日报》等报刊上发表的对中国经济不同领域进行预测和论述的文章，汇编成书。在选编过程中，我们尽量保留了文章刊登时的原文原貌。由于出版时间所限，我们无法与入选文章的作者一一取得联系，在此深表歉意。请相关文章作者及时与出版社联系，我们将根据规定支付稿酬并寄送样书。本书编辑过程中难免有不足之处，诚望读者批评指正。

编者

2016年5月